大 学 问

始 于 问 而 终 于 明

守望学术的视界

Socrates

A Man for Our Times

苏格拉底

我们的同时代人

[英] 保罗·约翰逊 著

郝苑 译

苏格拉底：我们的同时代人
SUGELADI: WOMEN DE TONG SHIDAI REN

Socrates: A Man for Our Times / by Paul Johnson / ISBN: 978-0-670-02303-5
All rights reserved including the right of reproduction in whole or in part in any form. This edition published by arrangement with Viking, an imprint of Penguin Publishing Group, a division of Penguin Random House LLC.
著作权合同登记号桂图登字：20-2023-064 号

图书在版编目（CIP）数据

苏格拉底：我们的同时代人 /（英）保罗·约翰逊著；郝苑译. --桂林：广西师范大学出版社，2023.9
书名原文：Socrates: A Man for Our Times
ISBN 978-7-5598-6291-4

Ⅰ.①苏… Ⅱ.①保… ②郝… Ⅲ.①苏格拉底（Socrates 前469-前399）—传记 Ⅳ.①B502.231

中国国家版本馆 CIP 数据核字（2023）第 153494 号

广西师范大学出版社出版发行
（广西桂林市五里店路 9 号　邮政编码：541004）
　网址：http://www.bbtpress.com
出版人：黄轩庄
全国新华书店经销
广西民族印刷包装集团有限公司印刷
（南宁市高新区高新三路 1 号　邮政编码：530007）
开本：880 mm × 1 240 mm　1/32
印张：6.125　　字数：140 千
2023 年 9 月第 1 版　　2023 年 9 月第 1 次印刷
印数：0 001~6 000 册　　定价：58.00 元

如发现印装质量问题，影响阅读，请与出版社发行部门联系调换。

献给向导、哲学家与朋友 S. B.

目 录

1 第一章 充满活力的人与口技表演者的玩偶
11 第二章 拥有追求幸福天赋的丑角
29 第三章 苏格拉底与雅典乐观主义的巅峰
57 第四章 哲学天才苏格拉底
80 第五章 苏格拉底与公正
104 第六章 雅典的腐化与苏格拉底之死
138 第七章 苏格拉底与哲学的化身

145 延伸读物
147 索引
162 译后记

第一章　充满活力的人与口技表演者的玩偶

　　时代精神是始终存在的。甚至在远古时代，强烈而又几乎相同的冲动就驱使着那些被无法跨越的空间鸿沟分隔的社会精英们前进。我们或许无法解释这些协同性，但我们可以按照有益的方式去研究它们。两千五百年前，即公元前5世纪，在三个发达的地区（在那里已经存在读写能力，但这种能力仍然处于它的初级阶段）出现了三个出类拔萃的个体，他们彼此之间形成了共鸣：他们都坚持认为，他们的文明与周围的野蛮状态之间的区别，必定是通过系统的道德教育而有所加强的。

　　孔子（他的名字的拉丁语形式为Kung Fu-tzu，它的意思是姓孔的哲学家）出生于公元前551年的中国山东，逝世于公元前479年，他去世时的年龄是73岁。他来自一个贫穷却受人尊敬的贵族家庭，他的第76代后裔如今仍然生活在这个地区。他曾是一个聪明的孩子，在他还是一个学童的时候，他就已经持有这样一种打算，即让他的整个人生都专注于道德与文化的社会转变，而这种转变是通过一种新型的教育来实现的。这种教育所强调的完全是中国学术的精华，其建立于以下这六种技艺的基础之上：礼、书、数、乐，以及与射、御有关的身体技能。孔子的学生记录下了他的这个说法："吾十有五而志于学，三十而立，四十而不惑，五十而知天命，六十而耳顺，七十而从心所欲，不逾矩。"

孔子的观点被他的学生记录于一本被称为《论语》的论著之中，他认为，教育是一切事物的关键：一个人应当深深地沉浸于学习之中，以至于忘记了饮食；应当充满快乐地学习，以至于忽视了所有实际的烦恼；应当忙于获取知识，以至于没有注意到自己已经进入老年。教育既是文明借以呼吸和生存的进程，也是那些有幸享有文明的人的心灵和身体借以呼吸和生存的进程。

公元前458年，希伯来祭司与文士以斯拉[1]从巴比伦回到耶路撒冷。他是在孔子六十岁以后出生的，他是在波斯被放逐的犹太人社会团体中最重要的知识分子。他随身携带的是摩西五经的一个经过编辑的新抄录版本，《托拉》或犹太教圣经的前五卷，基督徒将之称为旧约圣经。"托拉"（Torah）这个词语的意思是"律法"，但它最初的意思是指令、教诲与引导（在以斯拉的时代里肯定也是这样的意思）。以斯拉将《托拉》当作犹太人在遭受了被放逐的混乱之后，在应许之地重建犹太社团的基础。它成为以斯拉的教学手册，因为他的余生恰逢历史上罕见的一次时机，教育在那时被用作在道德、政治、经济与社交上改革整个社会的手段。

---

[1] 以斯拉（Ezra），又被称为"文士以斯拉"。以斯拉是一位大祭司，来自具有影响力的耶路撒冷祭司家族，生活的年代约为公元前480年至公元前440年，是希伯来圣经中的一个重要人物，精通摩西的律法书。——译者注

当以斯拉开始承担他的使命时，苏格拉底才十二岁。孔子逝世之后的第九年，苏格拉底出生于公元前470年的雅典，雅典在那时候是一个民主的城邦。以斯拉是祭司阶层的统治精英，撒督[1]的直系后裔，在希伯来的历史中被公认为大祭司，是一个典型的掌权者，孔子是一个熟悉王室阶层的贵族和文官，而苏格拉底则是中产阶级。苏格拉底的父亲是一个石匠和石雕师，他的母亲（据苏格拉底所说）是一个助产妇。由于苏格拉底拥有强大的智慧，由于苏格拉底运用智慧的方式（这发挥了更大的作用），他设法让自己成为一个不属于任何阶层的人，他是历史上第一个不属于任何阶层的人。尽管存在这些背景上的差异，但这三个人都具备着对教育的激情，他们都将自己的一生奉献给了教育。对这三个人来说，教育需要人们学习在他们的社会中最有价值的一切。但除了知识，教育是一种获取导向美好生活的美德或能力的过程。苏格拉底进一步确信，教育让人们成为有德之人，无疑是一条通向幸福的道路。就我们所知，他是第一个深刻思考"什么让人变得幸福"与"如何才能获取这种福祉"的先知。

这样一个人非常值得了解，两千五百年以来，所有国家在智识上有进取心的博学者都试图去了解他。在一个肤浅的层面上去了解苏格拉底，这并不难。苏格拉底是一个典型的哲学家，智慧的探求者与传达者。但人们越深刻地从这个人的表面穿透到他的本质，苏格拉底就变得越难以理解。苏格拉底没有写过任何东西，孔子也

---

1 撒督（Zadok），古代以色列的一位祭司，据传是圣经中先知亚伦的后裔，因其辅佐了所罗门王而被奉为最高祭司，他的子嗣亦承袭其职位，自此"撒督"之名就成为君权神授和王位正统的象征。——译者注

是如此。但有诸多学者专注地聆听孔子的教诲,这些学者随后合作制成了一部关于孔子教诲的精确文字记录(这就类似于20世纪的维特根斯坦的那些学生,维特根斯坦是另一位成文作品不多的哲学家,他的学生则试图回忆并记录他在一生中说过的每一句话),而苏格拉底拥有的是一种相当不同的经历。两位非凡人士亲自陪伴着他,并试图用文字让他名垂千古。色诺芬是一位乡绅、一个旅行冒险家和一名将军,受益于他尊敬的苏格拉底,他成为哲学的业余研究者。色诺芬热爱写作,恰如无数代学生都知道的那样,色诺芬令人钦佩地写出了一种拥有纯粹形式的适合教学的古希腊语。他撰写的《长征记》是从古代传给我们的一部描述军事经历的最佳论著,他的众多其他作品,包括了在古典资料文献中最全面的御马指南以及论述如何运用骑兵的姊妹篇。色诺芬还创作了他的《回忆录》,他逐字逐句地记述了一次苏格拉底在其中成为最重要宾客的晚宴。所有这一切都是有价值的,但人们不得不说的是,色诺芬从来没有理解苏格拉底心智的全部力量,因而也就无法再现苏格拉底心智的力量,以及它与坚强、敏锐和轻快的独特的结合。倘若色诺芬是我们了解苏格拉底的仅有权威,那我们就永远不会得知,应当将苏格拉底尊奉为作为专业学科的哲学的创建者。

我们的主要资源来自苏格拉底的学生柏拉图,柏拉图通过他作为作家与思想家的全部惊人能力,试图让苏格拉底的工作成果永存不朽。柏拉图是一个天才,这既让我们感到无限的欣喜,又是我们的不幸。柏拉图受教于苏格拉底,这是柏拉图人生中最为重要的事件,在他的老师去世之后,柏拉图在他的余生中花费了大量时间来记录苏格拉底在一系列的对话或交谈中讲述的话语。超过二十篇对话录得以幸存下来，还有两篇配套的文献：一字不差的苏格拉底在面对决定他生死的审判时所做的辩护，以及苏格拉底在被执行死刑前的最后几个小时的言行记录。这两份文献再加上早期的对话，是对苏格拉底这个人，这个影响深远的历史先知的真实记录。

然而，柏拉图不仅仅是一位天才，而且还是一位特殊的天才。他是一个学院的导师。事实上，他恰恰是第一个学院的导师，因为在苏格拉底去世之后，柏拉图在雅典的城郊公园中建立了一个研究场所——我们或许会称之为"智囊团"——它被称为"阿加德米学园"（Academy），"学院"的英文名称（academy）就是由柏拉图建立的学园名而来的。它是最早的大学，它的一位了不起的校友是亚里士多德，亚里士多德在他17岁时来到了柏拉图的课堂之上，他成为整个西方哲学所依赖的三足鼎立的大师中的第三位。亚里士多德又在雅典创建了他自己的大学——吕克昂（Lyceum），它成为柏拉图学园的同伴与对手。因此，学院生活的那种拥有竞争性敌意的特有模式，在公元前4世纪末就已经在很大程度上得到了确立。

在撰写关于苏格拉底之死的记录与他自己的早期对话录时，柏拉图仍然是足够清白的，他仍然相当着迷于苏格拉底的思想与方法，并以精确的方式再现了这种思想与方法。它们构成了一种关于苏格拉底的值得信赖的记录，表明了苏格拉底对运用我们的心智来把握真理的最佳途径做出的巨大而又至关重要的贡献。但当柏拉图开始在学园中扮演他的新角色时，当导师的服饰、象征性的方帽长袍舒适地披戴在他的头上和肩上时，他就经历了一次转变。在他作为第一位学者的角色中，他添加或叠加了"第一位知识分子"这个互补的角色，我在此所说的"知识分子"，指的是某些认为理念比人更重要的人。

作为一位知识分子，柏拉图开始阐述他自己的理念。作为一个学者，他迅速将这些理念融入一个体系之中。作为一名教师，他不仅用苏格拉底来传播他的理念，而且还用苏格拉底来让这些理念永存。在他的早期作品中，柏拉图将苏格拉底描述为一个充满活力、栩栩如生、热爱思考的人，一个真实的人。但随着柏拉图理念的成形，柏拉图就需要宣传，可悲的苏格拉底，他现实的死亡令柏拉图感到如此悲痛，柏拉图却第二次杀死了苏格拉底，以至于苏格拉底完全变成了一个木头人，一个口技表演者的玩偶，他说出的并不是他自己的哲学，而是柏拉图的哲学。作为一个知识分子，柏拉图认为，传播他自己的理念，要远比将苏格拉底保持为一个完整的历史人物重要。在柏拉图看来，将苏格拉底当作一个能言善辩的玩偶，是实现这种哲学传播的最简单途径。因此，将一个充满活力、基于史实的思想家转变为一个会说话却没有头脑的玩偶，这种行为是谋杀和以类似恶魔的方式对这个著名智者的占用——而在柏拉图的眼中，这成为一种积极的美德。这仅仅是对这个在思想史上最不择手段的行为之一的宽厚描述方式。因此，尽管柏拉图无疑是出于好意，但他创造了一个类似人造怪物弗兰肯斯坦[1]那样的哲学家。这对我们理解苏格拉底特别有害的地方在于，在柏拉图的作品中，划分真实的苏格拉底与那个怪物的界线并不清晰。人们为此争辩了数

---

[1] 弗兰肯斯坦（Frankenstein），英国作家玛丽·雪莱创作的长篇小说《弗兰肯斯坦》中的人物，是一个热衷于生命起源的生物学家用不同尸体的各个部分拼凑而成的人造怪物。这个被赋予了生命的怪物在现实世界中遭遇了种种嘲笑、歧视与背叛之后，最终走上了弑主愤世的毁灭道路。——译者注

个世纪，但没有得出任何可以被普遍接受的结果，正如我在本书的描述中所做的那样，任何撰写这个主题的人都必须自己做出决断。

　　幸运的是，我们拥有独立于柏拉图和色诺芬的其他资料来源，它们给予了我们一些关于苏格拉底的信息。他的同时代人，喜剧作家阿里斯托芬（他似乎是苏格拉底的一个朋友，但在演艺圈中还存在友谊这样的东西吗？）撰写了一部对苏格拉底具有粗暴敌意的戏剧《云》。第欧根尼·拉尔修在七百年之后撰写了对苏格拉底的描述，但我们已经丢失了他使用的资料来源。从西塞罗[1]和塞涅卡[2]、

1　马尔库斯·图利乌斯·西塞罗（Marcus Tullius Cicero，前106—前43），古罗马著名政治家、哲学家、演说家和法学家。他出生于骑士阶级的一个富裕家庭，青年投身法律和政治，其后担任罗马共和国的执政官；在后三头同盟成立后被三头之一的政敌安东尼派人杀害于福尔米亚。西塞罗因其作品的文学成就，为拉丁语的发展做出了重大的贡献。他的演说风格雄伟、论文机智、散文流畅，形成了古典拉丁语的文学风格。西塞罗也是一位古希腊哲学的研究者。他通过翻译，为罗马人介绍了很多希腊哲学的作品，使得希腊哲学的研究在希腊被罗马征服之后得以延续。西塞罗的影响在中世纪渐渐衰落，但在文艺复兴时被重新振兴。西塞罗的影响在启蒙时代达到了顶峰，洛克、休谟、孟德斯鸠等启蒙哲学家都受到西塞罗政治哲学的影响。美国国父约翰·亚当斯、汉密尔顿等人也常在自己的作品中引用西塞罗的观点。——译者注

2　吕齐乌斯·安涅·塞涅卡（Lucius Annaeus Seneca，前4—65），古罗马政治家、哲学家、雄辩家，斯多亚学派哲学的代表人物之一。他曾任帝国会计官和元老院元老，后又任掌管司法事务的执政官和罗马暴君尼禄的家庭教师。尼禄即位后，他成为尼禄的主要顾问之一。失宠后闭门谢客，潜心写作，但仍被控企图谋害尼禄而被判处死刑。塞涅卡一生著作颇丰，他的思想对于后世产生了不可磨灭的影响。他的伦理学对于基督教思想的形成起到了极大的推动作用，他的言论被圣经作者大量吸收，他因此有了"基督教教父"之称。文艺复兴以来，他的妙言佳句在欧洲一直为人们所广泛引用。——译者注

普鲁塔克[1]和琉善[2]到圣奥古斯丁[3]和德尔图良[4]（以及许多其他人）等众多古典作家与中世纪早期作家的作品中，就存在着诸多有关苏格拉底的逸闻、概要、语录与信息片段，这些作家可以使用的图书馆在黑暗时代就完全被摧毁了。

这些零碎的描述有助于我们充实或修正柏拉图与色诺芬提供的初始材料。但我们不得不始终牢记的是，古典时期的作家，尤其是后古典时期的作家对真相的轻视，即便他们设法坦诚，也仍惯于

---

1 普鲁塔克（Plutarchus，约46—120），罗马帝国时代的希腊作家，以《希腊罗马名人传》一书闻名后世。他的作品在文艺复兴时期大受欢迎，蒙田对他推崇备至，莎士比亚的不少历史剧也取材于他的记载。——译者注

2 琉善（Lucian，约125—180），生于叙利亚的萨莫萨塔，罗马帝国时代的希腊语讽刺作家，他是罗马帝国时代最著名的无神论者、唯物主义者。他的著作约有八十种，对古代社会瓦解时期的各种宗教、哲学流派、修辞、文学等做出了讽刺。琉善的思想对意大利的鲍狄诺、荷兰的伊拉斯谟、英国的莫尔、法国的伏尔泰、俄国的罗蒙诺索夫和赫尔岑等都产生过积极的影响。——译者注

3 圣奥古斯丁（Saint Augustine，354—430），基督教教父哲学的集大成者，西方思想由古典时期过渡到基督教中世纪的关键人物。他生于北非，早年曾是摩尼教徒，后皈依大公教会，长期担任希波主教，因而又被称为"希波的奥古斯丁"。奥古斯丁将新柏拉图主义与基督教思想相结合，确立了基督教思想的基本面貌。如果说保罗是基督教思想的第一位奠基人，奥古斯丁就是其第二位奠基人。奥古斯丁的著作多达九十部，内容极为丰富，其中最具代表性的是《忏悔录》《上帝之城》《论三位一体》等。奥古斯丁对西方宗教、哲学、历史、文学等领域的影响，至今仍非常深远。——译者注

4 德尔图良（Tertullianus，150—230），北非柏柏尔人，迦太基教会主教，是早期基督教著名的神学家和哲学家。德尔图良主要写作思辨性的基督教神学与反对异端的著作。有人称德尔图良是"希腊最后一位护教士"，也有人说他是"第一位拉丁教父"。——译者注

做出不准确的描述，他们缺乏公正，缺乏史实性，缺乏合理性，甚至人们会觉得他们缺乏常识，这些书籍是以草率的方式撰写、复制与保存的。在正式的抄本或书籍出现之前，文字是写在约33英尺（10米）长的纸草卷轴之上的。一个卷轴或许包含了修昔底德的一本书或荷马的两本书。但对此没有任何规则限制，抄书员是为其他抄书员书写的，而不是为读者书写的（他们在每个时期与每个地区都坚决成立了工会）。他们并没有试图遵守关于每行应当有几个字母，每栏应当有几行的明确规定。既不存在标点符号和大写字母，在诸多词语之间也不存在固定的间距，在一行文字下面的短短一划（它被称为 *paragraphos*[1]）是对主题变更、暂停或戏剧和对话中的说话者变化（这对柏拉图涉及苏格拉底的文本来说极为重要）的仅有标示，令人恼火的是，这种做法几乎不曾给出说话者的名字。所有这些要素与许多其他草率的习惯增加了大量手工复制不可避免的文本错误，由于手稿的链条延续了数个世纪乃至一千年之久，就不可能存在一个没有遭到破坏的文本。从文艺复兴到我们自己的这个时代，数代学者的首要任务就一直是产生优质的文本。即便如此，我们也无法绝对保证，我们读到的苏格拉底语录，就是柏拉图在两千四百五十年前所记录下来的文本。所有这一切都导致了这些手稿的整体损失或部分损失。在苏格拉底之前的时代里，没有一个思考宇宙及其居民的人足够幸运地让他们的结论留存下来。前苏格拉底时期的哲学家的作品，正如人们对它们的称谓，在很大程度上确实

---

[1] paragraphos，希腊语，在古希腊文本中表明意思中断或对话中说话人变化的线条。——译者注

就是断片。

尽管如此,我们都知道,苏格拉底本身是这样一个人和这样一个思想家,他极其真实,充满活力,而且令人愉快。让我们去结识他吧!

第二章　拥有追求幸福天赋的丑角

苏格拉底为他自己生为雅典人而感到骄傲。他的一生都生活于城市之中，除了他作为军人的服役期间，他从未离开过城市。他经常批评雅典人所选择的道路与领袖，但他从未动摇过他的这个确定的信念：在人们居住过的所有城邦中，雅典是最好的城邦。就像苏格拉底的绝大多数观点一样，这个观点是合理的与切合实际的。

公元前5世纪的希腊是由一批城邦组成的，其中的雅典是最大的且通常最富有和最强大的一个城邦。作为一个整体的希腊富有革新精神和进取精神，最为重要的是，它的竞争意识很强，而雅典是竞技精神的中心。绝大多数城市都举办了它们自己的年度竞赛（运动竞赛与文化竞赛），此外还有向整个希腊语世界开放的泛希腊竞技会：奥林匹克竞技会、皮提亚竞技会、伊斯特米亚竞技会、尼米亚竞技会。最有声望的竞技会是奥林匹克竞技会，伯罗奔尼撒西北部的奥林匹亚每四年举办一届奥林匹克竞技会。

我们知道许多与这些重大活动有关的信息。它们创建于公元前776年（三个世纪之后苏格拉底才诞生），并延续到了公元393年，其举办时间超过了一千年，信奉基督教的罗马皇帝狄奥多西一世将它们当作异教的节庆而废除了这些竞技会。当然，它们是异教徒的运动项目，就像几乎所有的希腊惯例一样，这些竞技会导源于宗教。苏格拉底乐于提醒年轻人，奥林匹克竞技会胜利的关键并不在于获胜者取得的荣誉与金钱，而在于对神明的侍奉。在苏格拉底的有生之年里，他的朋友菲狄亚斯[1]在奥林帕斯根据宙斯的外形，用黄金和象牙打造了一座华丽而又庞大的宙斯雕像。在体育场内的竞走比赛是第一个运动项目，并仍然是主要的运动项目，但也添加了其他测试速度、力量与持久力的运动项目——包括拳击、摔跤、重装步兵赛跑[2]以及战车赛与赛马。裁判与竞赛者都宣誓要公平与公正地进行竞赛，但裁决经常会受到挑战，群众会发出嘘声，有时则会攻击裁判。斯巴达是早期第一个以专业的方式训练它的运动员的城邦，恰如它以极其严肃认真的态度对待战争一样，这经常让斯巴达成为一个全面的胜利者，但其他城邦也逐渐采纳了这种做法，特别是雅典，这就造成了残酷的竞争。金钱开始变得万能。举例来

---

1 菲狄亚斯（Phidias，前480—前430），古希腊著名雕塑家、建筑设计师，政治家伯里克利的挚友和艺术顾问，被公认为最伟大的古典雕刻家，他的著名作品为世界七大奇迹之一的宙斯巨像和帕特农神殿的雅典娜巨像。——译者注

2 a race for men in armor，指的是重装步兵赛跑（hoplitodromos）。在公元前6世纪，随着重装步兵改革在泛希腊世界内逐渐实行，古代奥运会也引入了一项全新的竞技项目，即重装步兵赛跑。参赛者必须全身穿戴重装步兵的装束，包括手持盾牌，进行短跑和四百米折返跑的比赛，这项比赛对于参赛者的速度和应变能力有着很高的要求。——译者注

说，苏格拉底富有的年轻朋友阿尔西比亚德[1]曾经六次参加奥林匹克竞技会的战车队，并夺走了第一次、第二次与第四次竞赛的奖项。我们知道这一点，是因为朱利叶斯·阿非利加努斯[2]草拟了一份从公元前776年到公元217年的奥林匹克竞技会获胜者的完整名单，而教会史学家尤西比乌斯[3]保存了这份名单。

竞技精神扩展到了希腊生活的每个方面：诗歌、戏剧、音乐、公共演说或修辞以及艺术。在绝大多数情况下，雅典都是无与伦比的领先者，雅典的年度城市竞技会，特别是关于悲剧与喜剧的竞技会，比任何泛希腊的重大活动都更为重要。苏格拉底与这些重大活动息息相关，他是阿里斯托芬的朋友，阿里斯托芬曾经三次赢得喜剧竞赛的一等奖；他还是欧里庇得斯的一个特别的朋友，欧里庇得斯是三位最伟大的雅典悲剧作家中最年轻的一个。尽管他比苏格拉底年长十五岁，但他还是前往苏格拉底那里寻求建议，而且传统上

---

1 阿尔西比亚德（Alcibiades，前450—前404），雅典将领与政治家，苏格拉底的学生与好友，为人高傲、自恋、野心勃勃，凭借其家世与美貌，不甘屈居人下。在伯罗奔尼撒战争期间，煽动雅典政府进行西西里远征。在临征前被控渎神罪，在征战途中缺席被判处死刑，遂投靠斯巴达。其背叛行为导致雅典远征失败，对伯罗奔尼撒战争的结局产生了极大的影响。——译者注

2 塞克图斯·朱利叶斯·阿非利加努斯（Sextus Julius Africanus，约180—250），最早的基督教历史学家，曾漫游诸多亚洲国家、埃及和意大利，后来主要住在巴勒斯坦。他最伟大的著作是《年代志》（共五卷），该书叙述了公元前5499年"创造天地"起至公元221年间宗教和世俗的历史。他还撰写过研究《马太福音》和《路加福音》中基督家谱的文章。——译者注

3 尤西比乌斯（Eusebius，约260—340），基督教史学的奠基人，著有《编年史》《基督教会史》和《君士坦丁传》等，对后世的基督教史学研究产生了巨大的影响，他也被称为教会史之父和拜占庭的第一位历史学家。——译者注

认为，苏格拉底曾经插手过欧里庇得斯的戏剧，或许还插手过他的包括《希波吕托斯》(*Hippolytus*)在内的三部曲，而《希波吕托斯》让欧里庇得斯在公元前428年赢得了一等奖。

雅典的竞赛氛围与雅典人对他们城邦的自豪感，由于苏格拉底所在的那个世纪初所发生的外部事件而得到了极大的增强。波斯帝国是那个世界已知的最大帝国，它位于中国的西边，它对希腊构成了持久的威胁，在雅典鼓励她的伙伴——如今位于土耳其西部地区的爱奥尼亚人的城邦反叛他们的波斯君主之后，就更是如此。波斯入侵了希腊，但在马拉松战役（前490）中被一万名雅典人击退。根据苏格拉底的朋友、历史学家希罗多德的说法，波斯的损失是六千四百名军人被杀，而雅典的损失是一百九十二名战士被杀，这就让这场战役成为希腊人在古代获得的伟大胜利之一。在参与了这场战役的战士中可以找到埃斯库罗斯，他是三位伟大的悲剧作家中最年长的那一位，或许还可以找到苏格拉底的父亲苏弗罗尼司库斯（Sophroniscus），他在那场战役中是一个重装步兵或重步兵。

波斯在公元前480年再度入侵，这次侵略汇聚了巨大的力量——三十万士兵与六百艘战船。尽管列奥尼达斯[1]与他的三百斯巴达勇士做出了英勇的努力，但他们在保卫温泉关的通道时壮烈牺牲，波斯人突破了这个障碍，人们撤离了雅典，雅典这座城市被焚毁，雅典卫城的宗教建筑化为瓦砾。尽管如此，斯巴达人与雅典人集结了军事力量，在普拉提亚战役中击败了波斯的军队。在克桑提普斯[2]（伯里克利的父亲，在苏格拉底一生的绝大多数时间里，都是由伯里克利来统治雅典的）的领导下，雅典仅靠自身就在海战中赢得了决定性的胜利。到公元前479年，雅典已经在诸多希腊城邦中确立了她自身的领导权。公元前477年，雅典创建了希腊城邦的提

1　列奥尼达斯（Leonidas, ?—前480），古代斯巴达国王，传说为赫拉克勒斯的后裔。波斯国王薛西斯一世大举入侵希腊期间，斯巴达国王列奥尼达斯亲率由各处集结而来的希腊联军约七千人，率先赶到温泉关，扼守住地势险要的关隘之地。列奥尼达斯和他的希腊勇士面对数百倍的敌人毫不畏惧，拼死抗击，使得波斯军队在头两天没有丝毫进展，而且伤亡惨重。但在第三天，一个希腊的叛徒引导波斯军队抄小路进攻列奥尼达斯的后方，而防守后方的希腊城邦盟军未做任何抵抗就逃跑了，这导致列奥尼达斯腹背受敌。面对如此危局，列奥尼达斯下令让伯罗奔尼撒半岛的军队先撤，而他自己则和三百名斯巴达勇士死守温泉关。经过一番激烈厮杀，斯巴达全军覆灭，列奥尼达斯壮烈殉国。斯巴达勇士虽然战败，但他们英勇的事迹流芳千古，为历代希腊人所传颂。——译者注
2　克桑提普斯（Xanthippus，前525—前475），活跃于公元前5世纪前后的雅典政治家与将军，他在执政期间曾将入侵古希腊的波斯阿契美尼德王朝的军队击败。——译者注

洛同盟[1]，这巩固了雅典的优势地位，并为雅典帝国奠定了基础。公元前463年，米提亚德[2]之子客蒙[3]终结了来自波斯的所有威胁，开启了雅典的伟大时代。苏格拉底在那时还是一个七岁的男孩。

苏格拉底成长于其中的这个城邦就其体制与精神而言是民主的。这个**城邦**或城市长久以来就被等同于"武装的人民"，贵族提供骑兵，而商人、工匠与其他拥有技能的工人则组成了重装步兵，他们拥有自己的盔甲和武器。这种民主体制的基础是在苏格拉

---

1 提洛同盟（Delian League），成立于公元前478年，是由希腊城邦组成的一个联盟，成员在一百五十个至一百七十三个之间，由雅典领导。在波斯第二次入侵希腊的最后阶段，希腊在普拉提亚战役中获得胜利后，为了继续对抗波斯帝国而组建了这个同盟。在这个同盟成立后不久，雅典就开始为了自身利益而利用同盟的海军。这种行为经常导致雅典和同盟内其他弱势成员之间产生冲突。而斯巴达并不乐见雅典扩张霸权，它建立了伯罗奔尼撒联盟与提洛同盟对抗。公元前431年，两大同盟爆发战争，史称伯罗奔尼撒战争。公元前404年，提洛同盟因战败而被解散。——译者注

2 米提亚德（Miltiades，前550—前489），雅典政治家与著名将领。他领导希腊人赢得马拉松战役，以少胜多击败大流士的军队。希腊人在马拉松战役中收获了前所未有的自信，民族自豪感和文化优越感也开始无比高涨。马拉松之战以后，雅典在希腊半岛威名远扬，成为希腊联盟的盟主。——译者注

3 客蒙（Cimon，前510—前450），雅典政治家与军队领袖，公元前478年当选将军，参与组建提洛同盟。公元前468年，客蒙在攸里梅敦河战役中打败波斯舰队，将地中海东部的波斯人清除殆尽，建立了雅典的海上霸权。——译者注

底出生前由上一代政治改革家克里斯提尼[1]缔造的,他用平等(或 *isonomia*)这个词语来描述公民的权利。当苏格拉底还是一个孩童的时候,在厄菲阿尔特[2]的领导下,雅典城邦通过了更加民主的措施。然而,厄菲阿尔特在公元前461年被谋杀,这个事实表明,这种暗示着阶级斗争的政治是一项危险乃至残酷的事务,在苏格拉底的整个一生中,政治都始终保持着这种状态。

雅典人口的变化巨大,这取决于战争、贸易与经济状况。当苏格拉底出生时,拥有在古希腊城邦的国民大会(*ecclesia*)或公民大会投票选举将军(*strategos*)、执政官(*archon*)或担任陪审员的充分权利的公民总数略多于十二万人,在公元前430年左右上升到了十八万人,苏格拉底在那时进入了他的中年时期,而在苏格拉底逝世时雅典公民总数或许下降到了十万人。除此之外,存在着大量的**客籍民**(*metics*)或外籍居民,某些外邦人持有公民的权利,他们与本地出生的公民的比例在1∶6至2∶5之间来回波动。在那时

---

1 克里斯提尼(Cleisthenesis,约前570—?),古希腊雅典城邦著名政治改革家,公元前509年联合平民推翻贵族统治,并当选为首席执政官。克里斯提尼在梭伦改革的基础上又一次实行社会改革:划分十个地区部落取代过去的四个氏族部落,并创立十将军委员会和陶片放逐法。陶片放逐法用于放逐危害国家的危险分子,防止僭主政治再起。克里斯提尼改革肃清了氏族制的残余,确立了雅典式的民主政治。——译者注

2 厄菲阿尔特(Ephialtes,约前500—前461),古希腊雅典的激进民主派政治家,出身于贫穷的贵族家庭,但以廉洁著称。公元前462年执掌雅典政权,推行激进民主改革,剥夺贵族院的权力,削减了行政机构的权力,使公民大会拥有了几乎全部的立法、司法和行政权。这种激进改革导致他在公元前461年被反对派暗杀,但他的政治目标却在公元前5世纪后期的雅典得到了确立。——译者注

还存在着没有任何权利的奴隶，他们人数的变化范围大概是三万人到十万人。但在苏格拉底的有生之年里，雅典的总人口不太可能超过二十五万人。这是威尼斯在它发展到顶点时的人口数量，是伦敦在17世纪末的人口数量；而美洲殖民地在1700年的总人口大约是二十七万五千人。

因此，苏格拉底（在五月）诞生于一个或许会被我们称为中等规模的城镇。他出生的**乡村地区**（*deme*）或市区位于这个城市的南部。在柏拉图的对话录《拉凯斯篇》中，我们被告知，苏格拉底的父亲苏弗罗尼司库斯是公正者阿里斯提德[1]家族的朋友，阿里斯提德是雅典的政治家，他在不同时期担任了首席执政官、公正贤明的领袖与陆军和海军的指挥官，但此后他被放逐了两年并归于贫困。人们还将雅典卫城的诸多雕刻归功于苏格拉底的父亲，但这并没有任何确定的证据。苏格拉底的母亲费纳瑞特（Phaenarete）来自一个"良好的"家庭，据对话录《泰阿泰德篇》得知，她曾是一个技艺娴熟的接生婆——当然，她并不是一个专业的助产士，因为这种人在那时并不存在。苏格拉底为他的母亲感到骄傲，而且根本不在意人们关于她作为**女助产士**（*accoucheuse*）的活动而编造出来的诸多笑话（恰如阿里斯托芬在《云》中编造出来的笑话）。苏格拉底始终对医学与医术感兴趣，并将这些内容带入了他的对话之中，在我看来，他很有可能认识希波克拉底这位古希腊最伟大的医

---

[1] 阿里斯提德（Aristides，前530—前468），雅典著名政治家和军事家，由于战功而在公元前489年至公元前488年被选为执政官。作为雅典首屈一指的政治人物，他一生公正廉洁，死后留下极少的资产，因而被称为"公正者"。——译者注

生，苏格拉底恰恰是希波克拉底的同代人，苏格拉底显然曾经将医学的相关情况告知柏拉图。

我们从《克力同篇》这部对话录那里得知，苏格拉底的父亲让他的儿子在高级中学接受了良好的教育：阅读、写作、体育运动、音乐。按照传统的说法，苏格拉底作为石雕师进入了他父亲的行业。古希腊的旅行指南、旅行作家帕萨尼亚斯[1]（公元前2世纪）曾经说过，他那个时代的一组雕像，即雅典卫城的《美惠三女神》（Graces）是苏格拉底的作品，第欧根尼·拉尔修[2]也肯定了这个论断。但他或许将之与另一个苏格拉底混为一谈：苏格拉底在公元前5世纪是一个常见的名字，而且在那时存在着许多石雕师，因为对这个行业来说，雅典有如此众多的工作，以至于吸引了整个希腊与中东的石匠。苏格拉底肯定对艺术持有他自己的观点。实际上，雕塑家在很大程度上有可能就艺术进行说教。在这个主题上，罗丹或

---

1 帕萨尼亚斯（Pausanias），活跃于公元2世纪的希腊史地理学家和旅行家，他的论著《希腊志》（共10卷）记述了古典时代有丰富文物的希腊大型重要城邦，如雅典、科林斯和伯罗奔尼撒半岛诸城邦。作为希腊古代文明的崇拜者，这位作家喜爱各种各样的文物古迹，尤其喜爱古代艺术，他在自己的著作中对雅典的卫城、德尔斐和奥林匹亚有详细的描写。他的这类描写相当真实，其准确性已为考古发掘和现存的古迹所证实。因此，他的这部著作对研究希腊的古代历史、艺术史、文学史和神话传说具有重要意义。——译者注

2 第欧根尼·拉尔修（Diogenes Laertius），罗马帝国时代的古希腊哲学史家，生平不详，编有关于古希腊哲学史的论著《名哲言行录》。他的声誉在学者中颇有争议，因为他经常重复收集信息而没有进行严格的评估，而且他经常关注哲人生活的琐碎或微不足道的细节，忽略了其哲学教义的重要细节。但是，与其他古代的二手文献不同，第欧根尼在写作时通常不会尝试对哲学教义进行重新解释或扩展，这意味着他的论述更接近于第一手文献。——译者注

许是令人厌烦的，就像最近在约克郡出生的亨利·摩尔那样。苏格拉底则从来都不让人感到厌烦——远非如此——但色诺芬说，苏格拉底曾经就艺术中的表情与雕塑家克雷同（Cleiton）和画家巴赫西斯[1]进行过一次讨论。"高贵与尊严，"苏格拉底在记录中如此说道，"自卑与自尊、谨慎与宽容、傲慢与粗俗，都在面容与身体的姿势中有所表现，无论是在静止的状态中还是在运动的状态中，它们都可以被艺术家捕捉到。"这个评论格外引人注目之处在于，苏格拉底不喜欢让他的情绪显现于他的面容之上。四个世纪之后，西塞罗似乎对苏格拉底有许多了解，他说，在你的面容上显现畏惧或欲望是有失尊严的："应当像苏格拉底那样始终保持同样的表情。"

尽管我们无法确定地知悉，苏格拉底是否曾经作为石雕师而工作，或者他是否曾经从事过其他任何手工职业，但我们可以肯定一件事：他曾经是一位军人，而且还是一位令人钦佩的军人。出自柏拉图、色诺芬与其他原始资料的各种引文都证实了这一点。正如我们将要看到的，苏格拉底对使用武力持有一种坚定的看法。但他并不是一个和平主义者。伯特兰·罗素拒绝参加第一次世界大战，他创作了简短的作品，并在其中用似是而非的论证来劝说其他人不去军队服役（这让罗素被投入牢狱之中），而这种做法与苏格拉底是格格不入的。作为一个热爱雅典的雅典公民，苏格拉底觉得他归属于希腊重装步兵的中等阶层，他有义务为了雅典而战。我认为，

---

[1] 巴赫西斯（Parrhasius），大约活跃于公元前5世纪，古希腊以弗所的画师之一，公元前430年至公元前390年为其创作期。他主要在雅典从事创作，是宙克西斯的竞争对手。巴赫西斯的画作栩栩如生，据说他曾经画过一幅窗帘，逼真到他的对手宙克西斯也认为它是真的。——译者注

他在年轻时有可能目睹过军人服役,尽管对此并没有任何具体的证据。但我们知道,苏格拉底参加了对波提狄亚的围攻,波提狄亚是一个拥有坚固防御工事的港口,它还是柯林斯的前殖民地。作为提洛同盟的一个成员,它服从雅典的领导。公元前434年,波提狄亚对共同战争基金的贡金或捐赠提高到了十五塔兰特[1]。波提狄亚发生了叛乱,雅典包围了波提狄亚,并在公元前430年征服了这个城市,派遣了军事殖民者[2]去占据这个城市。苏格拉底就在那里。他在那时将近四十岁。苏格拉底还曾在爱琴海北岸的安菲波利斯作战,这个地方是雅典在公元前437年至公元前436年所支配的殖民地——它靠近泛大陆地区的金矿与银矿,因而在商业上具有重要意义。在伯罗奔尼撒战争的早期阶段,安菲波利斯在未经战斗的情况下就向斯巴达投降,雅典在试图夺回安菲波利斯的过程中陷入了大量的麻烦之中。未来的历史学家修昔底德在那时是一个年轻的军官——他比苏格拉底年轻十岁——修昔底德也参与了安菲波利斯的战斗。尽管这两个伟人在许多事情上(最显著的是在宗教上)有所不同,但他们都同意应当为了雅典及其重要地位而做出奉献,修昔底德在历史因果关系上的清晰性与公正的心智或许在很大程

---

[1] 塔兰特(talent)是古希腊、罗马和中东地区的重量单位。用作货币单位的时候,塔兰特相当于等重量的黄金或者白银。由于年代久远,一个塔兰特单位具体有多重已经很难确定。根据权威学者的观点,一塔兰特的重量在20到40千克之间,有些学者则把这个数字具体到了25.8千克。倘若将国际市场上的黄金价格定为每克65美元,一塔兰特相当于26千克,那么波提狄亚的贡金就大约相当于2535万美元。——译者注

[2] cleruchs,接受被征服国家的土地分配,并通常在不丧失希腊公民权的条件下移民到那个国家去的古希腊公民。——译者注

度上受益于苏格拉底。但没有清晰的证据表明他们之间存在任何接触。

公元前432年,苏格拉底参与了雅典人从波提狄亚艰难撤退的战斗。那是一个严冬,天气极其寒冷。苏格拉底表现出了非凡的耐力与勇气,这格外令人钦佩,因为他在那时已经四十六岁了,按照那个时代的标准来推算,他几乎就是一个老人。我们从苏格拉底年轻的贵族朋友阿尔西比亚德那里,得到了关于苏格拉底在那次战役中的行为表现的目击证词。阿尔西比亚德明确强调了三个要点。第一,阿尔西比亚德说,当他受伤时,苏格拉底不顾自己的安危,站在阿尔西比亚德的身边击退了敌人,挽救了阿尔西比亚德的生命。第二,阿尔西比亚德说,苏格拉底完整地佩戴着盔甲并携带着他的武器,他甚至在撤退时也是一个令人畏惧的人物。阿尔西比亚德说,在苏格拉底的行为举止中有某种东西让敌人绝对不敢惹他:他们感觉到,倘若他们试图抓捕他,他们就会"遇到拼命的抵抗"。第三,阿尔西比亚德证明了苏格拉底惊人的顽强。苏格拉底在冬天穿着单薄的衣服,甚至在雪地上赤足而行。任何不舒适或食物饮酒的短缺,似乎都无法让他感到焦虑。他是一位受众人推崇并令人愉快的出征者。

苏格拉底不在乎肉体的安乐——服饰、食物、饮酒、保暖与居所,但苏格拉底并非不在乎同伴,他始终期待并需要同伴——终其一生这都是苏格拉底的典型特征,各种原始资料都完全证明了这一点。这似乎部分是性格所致,部分是自我训练的结果。苏格拉底在年轻时就已经决定要成为一位老师,或正如他所说的,要成为一个人类"考察者",而且这应当成为他所追求的事业,而不是他的职业：他不会收取报酬。因此苏格拉底的一个目标是将他的需求减至最少的程度。他故意培养不挑剔的胃口，并在这个过程中感到欣悦。他观察了在雅典市场陈列的商店之后说道："我用不着的东西真多啊！"他也乐于观察商品的价格，并大声惊呼："雅典是多么奢华啊！"接下来他又大声惊呼："雅典人是多么廉价啊！"留存下来的是各种不同的说法："某些人为了吃而活，而我则是为了活而吃。""饥饿是最好的**开胃酒**（*aperitif*）。""我只有在我渴了的时候才会饮酒。"当某个人向苏格拉底提供一块可用来建造房屋的土地时，苏格拉底说："你会给我一张可用来做鞋的皮革吗？""贪婪的人没有欣赏到食物的精美。"他在运动场和体育馆健身："健康的身体是最大的福分。"苏格拉底经常去跳舞，而且他还在跳舞时说："这对我是有益的。"他并不鄙视在人们的陪同下喝酒，但人们从未看到过他喝醉。而在一幅肖像中，苏格拉底在宴会上用一个被称为"银海"（Silver Sea）的宽大容器来饮酒。苏格拉底说："那些大肆饮酒的人并没有品尝到稀有的葡萄酒的味道。"当人们问道："让年轻人成为有德行的人的东西是什么？"苏格拉底的回复是："在任何事物中都避免过度。"他说道，"贫穷是一条通往自制的捷径"，而"闲暇是最可贵的财富"。"我无法说出任何话语来赞扬财富与高贵的出身，它们轻易就会成为通向邪恶的道路。"

　　按照公元前5世纪的希腊人的标准，苏格拉底是一个丑陋的男人。对于希腊人高度评价的头部与脸部的特征规律，我们或许会称之为拜伦的风格。阿尔西比亚德是一个拥有惊人美貌的男人，他将苏格拉底比作西勒诺斯[1]。苏格拉底同样提到过这个说法。他根本就不介意这样的比较。西勒诺斯代表的是在人类之中的荒野精灵,他的其中一半就是动物。这些萨提尔[2]是相似的。这些造物是雅典喜剧的根本来源,第一个喜剧演员就在舞台上戴着西勒诺斯的面具。留存下来的关于西勒诺斯的这些描述与肖像(它们通常是罗马的复制品),明显类似于石像、大理石像或青铜雕像所描绘的苏格拉底,它们通过对复制品进行复制的方式传给了我们。有可能发生的情况是,在苏格拉底死后不久,人们就制造了一座苏格拉底的青铜雕像,雅典将这座青铜雕像安置于公共场所,以便于这座城市为自身对苏格拉底犯下的罪行赎罪。许多罗马的复制品(通常是以大理石雕像的形式)留存下来。雕像的身躯常常下落不明,只有头部幸存下来。其中的一座雕像在柏林,另一座雕像在哥本哈根。罗马的博尔盖塞美术馆[3]保存的是一座合成的雕像,它的手臂、双手与其他组成部分是由现代人制作而成的,它的头部是由罗马人制作而成的。所有这些雕像的面容都属于西勒诺斯的那种类型,但它们拥有的是人类的耳朵。有两座雕像被题献给苏格拉底。英国的博物馆还

---

1 西勒诺斯(Silenus),希腊神话中的山林之神,酒神狄俄尼索斯的养父和师父,森林诸神的领袖。他嗜酒常醉,以毛驴代步,能知古察今,预言未来,对狄俄尼索斯多有教益。——译者注

2 萨提尔(Satyr),半人半兽的森林之神,是长有公羊角、腿和尾巴的怪物。他耽于淫欲,性喜欢乐。在古希腊神话中,这种半人半兽的牧神既是创造力、音乐、诗歌与性爱的象征,同时又是恐慌与噩梦的标志。——译者注

3 博尔盖塞美术馆(Borghese Gallery),意大利的国立美术馆,位于罗马的博尔盖塞别墅,主要收藏意大利文艺复兴和巴洛克的绘画与古代雕刻,以收藏世界上数量最多的卡拉瓦乔作品以及大量贝尼尼雕塑闻名。——译者注

有一座苏格拉底的大理石小雕像，它或许来自亚历山大港，是罗马人仿照公元前4世纪的希腊青铜雕像所做的一件复制品。

这些雕像都确证了来自文献资料的信息，即苏格拉底脸上长满胡子，头发茂密，有着又大又扁的鼻子，引人注目的突出眼球，嘴唇肥厚。根据色诺芬的《会饮》的记录，苏格拉底在一场选美竞赛中向克利托布洛斯（Critobulus）发起挑战。就像通常的情况那样，他不断开玩笑，他用反讽的与批评自己的惯常腔调说话。这段对话是这样开始的："克利托布洛斯，你为什么炫耀你的长相，就仿佛你比我更漂亮似的？""哦，苏格拉底，我知道我在美这方面不如你，因此我甚至必定比西勒诺斯还要丑陋。"苏格拉底则运用他通常的反诘法继续说道："只有人才是漂亮的吗？""不，一匹马或一头公牛可以是漂亮的。甚至一个盾牌也可以是漂亮的。""那么这些不同的事物究竟怎么可以都是漂亮的？""因为无论是通过技艺还是通过自然，它们恰好都是为了它们的目的而被制造出来的。""眼睛是为了什么目的？""为了观看。""由于这个缘故，我的眼睛就比你更漂亮。""为什么？""你的眼睛只能沿着一条直线观看，而我的眼睛不仅能这么做，而且还能斜着观看，因为它们这样突了出来。""那么你的鼻子的外形比我更好吗？""是的，倘若神明制造鼻子是为了闻出气味，那么你的鼻孔朝下，而我的鼻孔不仅宽大，而且朝天，它们就能接收到来自任何方向的气味。""我承认你的嘴更好，因为倘若神明给予我们嘴是为了吃喝，你的嘴足够大，以至于可以按照比我快三倍的方式来狼吞虎咽。""是的，我的吻比你的更甜美更柔和，因为我的嘴唇如此突出而又肥厚。"

苏格拉底在那时就是丑陋的，而到了晚年，他变得大腹便便。

苏格拉底有弓腿和侧身走路的倾向。由于他每天都在街上，他就成为一个在雅典不会被认错的人物，对许多人来说，苏格拉底就是一个喜剧性的人物，甚至是一个不体面的人物。苏格拉底有时会受到嘲笑，甚至被推搡。人们问他为什么不怨恨这样的对待，他的回复是："倘若一头驴踢了你一脚，你会起诉这头驴吗？"或者他会这么回答："倘若一个人扇了我一耳光，他并没有对我造成任何伤害，这仅仅有损于他自己。"正如阿尔西比亚德在从德里昂撤退期间注意到的，苏格拉底是沉着冷静的。他充分显示了一种安详的宁静。苏格拉底谴责过许多事物，但没有什么东西让他感到沮丧。倘若苏格拉底生气了，他也从不表现出来——除了拉低自己的嗓音，平静地说话，相较之下，绝大多数人在愤怒的时候会提高他们的嗓音。苏格拉底是和蔼可亲的，他让我想起了荷兰勋爵[1]、诗人托马斯·穆尔[2]曾经对他做过这样的评论："他每天早上都下来吃早餐，他看起来就像刚刚获得了巨大的好运。"对于那些了解苏格拉底的人来说，苏格拉底不可能有所厌恶，他很难不喜爱其他人。

这或许有一个例外：他的妻子或妻子们。众所周知，格外优秀的公众人物是不易相处的。当嫁给了著名慈善家与不切实际的社

---

1 此处的荷兰勋爵（Lord Holland），指的是亨利·理查德·瓦萨尔-福克斯（Henry Richard Vassall-Fox, 1773—1840），英国政治家与19世纪早期托利党的主要人物之一。——译者注

2 托马斯·穆尔（Thomas Moore, 1779—1852），爱尔兰文学史上杰出的爱国主义诗人。穆尔的诗歌一方面抒发强烈的民族爱国激情，以及对自由、民主、平等的渴望；另一方面表达了对政治暴君的强烈憎恨，号召人民向暴君挑战，为民族解放而斗争。——译者注

会改良家弗兰克·朗福德[1]的朗福德夫人被问到这一点时,她说道:"我们将这个圣徒的妻子称为什么呢?"她自己回答说:"一名殉道者。"有这样一个令人困惑的传说,苏格拉底早先(或后来,或以重婚的方式)与一个名叫米尔托(Myrto)的女人结婚。倘若她生过孩子,这些孩子甚至在诸多传统的故事中都没有被记录下来。我们确实知道的是,苏格拉底在去世的时候拥有一个名叫克珊西普(Xanthippe)的妻子,她生了三个孩子。苏格拉底显然在晚年才与她结婚,在结婚时苏格拉底有可能已经超过了五十岁。在苏格拉底于七十岁去世的时候,最年长的孩子是一个仅仅十七岁或十八岁的年轻小伙子,其他的孩子年龄更小,其中的一个孩子甚至有可能是还被抱在怀中的小孩。正如我们所知,当克珊西普在监狱中与苏格拉底度过最后一个夜晚时,她还带着一个孩子,这或许是由于他过于年幼,以至于无法让他独自留在家中。柏拉图与色诺芬是我们最好的两个资料来源,他们对克珊西普的性格没有说过任何不利的话语。但各种传统将她描述为一个泼妇,她大声呵斥苏格拉底,并给他带来了一段艰难的时光。为什么苏格拉底会与她结婚,而不是与一个更加温顺的女人结婚呢?苏格拉底的回答是:"因为我们从驯马的行业中可以得知,主人经常喜欢挑选一匹难以相处的动物,它们会产生更为有趣的问题。"苏格拉底能与她幸福地在一起生活吗?"是的,可以证明我能与任何人幸福地在一起生活。"她是苏格拉底开玩笑的一个极好主题,因为当克珊西普在家里长篇大论地痛

---

[1] Frank Longford,即弗兰克·帕克南(Frank Pakenham,1905—2001),第七任朗福德伯爵,英国政治家与社会改革家。——译者注

骂苏格拉底的时候，她从房顶将一盆污水泼到了苏格拉底的身上。苏格拉底说："正如往常一样，紧跟着雷鸣的就是暴雨倾盆。"就我所能看到的程度而言，苏格拉底对她完全满意，值得注意的是，苏格拉底（在那个年纪）仍然与她行房事，并在他将近七十岁时成为那些孩子的父亲。克珊西普一定促成了苏格拉底对女人能力的高度评价，促成了他的以下这个信念：女人在绝大多数问题上与男人是平等的。我相信，他们的共同生活是幸福的。

然而，苏格拉底作为一个人，最令人印象深刻的不仅仅是他的那些非同寻常乃至革命性的见解，不仅仅是他的那种迷住了接近他的人们的人格，还包括他对雅典的民众与城邦所回馈的喜爱之情。倘若曾经有过一个人对他出生、生活与死去的地方感到舒适自在，那么这个人就是雅典人苏格拉底。更何况雅典在那时正经历着它的历史中最辉煌、最令人振奋与最危险的阶段。让我们来更仔细地看看这座非凡的城市。

第三章　苏格拉底与雅典乐观主义的巅峰

苏格拉底经常让人们想起托马斯·莫尔爵士[1]，因为他不仅兼具绝对的正直与恶作剧般的幽默，而且他的爱国精神仅仅受到他深刻的宗教责任感的限定。莫尔曾经说过："我为国王服务——但我首先为上帝服务。"苏格拉底则曾经说过："雅典人，我珍视你们和热爱你们。但我将服从神明，而不是你们。"苏格拉底的好运恰恰在于，当他成年时，雅典成功地让整个希腊取得了一场对庞大的波斯帝国的巨大胜利，雅典抵达了它的那个壮观而又孤独的至高点。这是历史上罕见的时刻。1940年，丘吉尔告诉英国人——我亲耳听到他这么说——"因此，让我们支持我们的义务，并以这样的方式来承担自己的责任，以至于倘若英联邦和它的帝国继续存在一千年，人们到那时仍然会说，'这是他们最光荣的时刻'。"

---

1 托马斯·莫尔（Thomas More, 1478—1535），欧洲早期空想社会主义学说的创始人，才华横溢的人文主义学者和阅历丰富的政治家，以其名著《乌托邦》而名垂史册。——译者注

公元前5世纪中叶的希腊类似于20世纪40年代的英国,它拥有这样一个领袖,这个领袖表现了希腊似乎代表的一切,他向所有人及其子孙后代清晰表达了希腊的启示。可以说,伯里克利(前495—前429)是古代最伟大的政治家之一。他是克桑提普斯的儿子,在克利斯提尼建立雅典民主制的那段时期,即公元前6世纪到公元前5世纪的世纪之交,克桑提普斯在不断变化的雅典政治局势中上下起伏。伯里克利的母亲阿加里斯特(Agariste)是克利斯提尼这位伟人的侄女,伯里克利立志要通过完善这个城邦的民主制来完成他伟大伯父的工作。那场对波斯的胜利让雅典,尤其是让伯里克利充满了一种乐观主义的精神,他通过设计一种巨大的进步规划来将这种乐观主义精神运用于实践。伯里克利是富有的,我们得知他最初是戏剧的赞助人或合唱团的指挥,他资助了埃斯库罗斯令人惊叹的悲剧《波斯人》(Persae),这个悲剧评述的是雅典在公元前472年取得的那场胜利,它在苏格拉底出生的两年之前发生。十年以后,伯里克利被选为首席执政官,并在一代人的时间里连续担任这个职位。正是伯里克利将雅典的乐观主义转变为一种具有建设性能力和实际精神活力的天赋才能,它就像一股得到控制的旋风横扫了这个城邦。伯里克利相信,雅典人能够用他们的头脑和双手来完成人类的独创性可以做到的任何事情——经营一座城市或一个帝国、当兵、海战、创建殖民地、戏剧、雕塑、绘画、音乐、法律、哲学、诗歌、演讲术、教育、科学——他们做得比其他任何人都要更好。而且雅典人是在令人欣悦的自由氛围下从事这些活动的。

伯里克利的好运恰恰在于,他不仅在正确的时机掌权,而且还受到了一位激情洋溢的钦佩者的关注,这位钦佩者不仅是一位作家，而且还是一位天才级别的历史学家。修昔底德诞生于公元前460年，他比苏格拉底年轻十岁，但无论如何他都是苏格拉底的同时代人，他们都在同一年去世。修昔底德是一位完美的历史学家：他比古代的其他任何历史学家都更为准确与客观地看待各种事件，更为坚定地探究这些事件，并更为诚实地记录这些事件。但他也觉得自己参与其中，有坚定的看法，并崇拜伯里克利——正如在一代人之后的柏拉图崇拜苏格拉底一样——因为修昔底德同样热爱伯里克利使之成为可能的能量与活力。丘吉尔撰写他自己的历史，而伯里克利——他原本或许也会这么做——由于瘟疫而中断了他的工作。不过，伯里克利有修昔底德来为他撰写这段历史。这段历史的最高点或许是伯罗奔尼撒战争的第一年后，伯里克利在雅典的委派下为阵亡的战士发表葬礼演说。这是一个重要的、庄严的场合，这个城邦的精英与平民都参加了这场葬礼演说。苏格拉底肯定在那里，在他旁边的是戏剧诗人索福克勒斯与欧里庇得斯，建筑师、雕塑家菲狄亚斯与画家宙克西斯[1]。

　　伯里克利对这些逝者的颂词的一个含蓄主题恰恰是，人类并不是命运的无助牺牲品，而是他们自己命运的主人。这些战士在保卫雅典的过程中死去，这就是人类至高的典型产物。伯里克利接下来更为明确地说，雅典是这样一个社会，公正在那里同等地适用于所有人，人们在那里或许并不平等，但这些社会差异不会阻止任何人达到顶峰，倘若这个人拥有足够能力的话。所有的雅典人都自愿

---

[1] 宙克西斯（Zeuxis），古希腊著名画家，出生于赫拉克里亚，在以弗所工作，公元前5世纪前后移居雅典，他最著名的作品为《特洛伊的海伦》。——译者注

地服从最终由他们控制的法律与政府,这就包括为了保卫雅典而战,并且在必要的情况下就像这些战士所做的那样,为了保卫雅典而献出自己的生命。

因此,雅典是一个遵守纪律的社会,它实际上是一个自律的社会,但与它的纪律同等重要的是智识自由。社会是开放的,权力的运作是透明的——当权者没有任何秘密,自愿服从当权者的人们没有任何疑虑。因此,雅典的社会是其他希腊人的一个典范——"希腊的学校"——倘若雅典控制了其他城邦,它是根据实际情况的是非曲直来这么做的,它的统治对象没有理由去抱怨它的统治,就像那些为了保卫雅典而死去的战士没有理由去抱怨它的统治一样。这场卓越的演说被修昔底德忠实地记录下来(当然,他润色与修饰了其中的某些文字),正如我们将要看到的,它给了苏格拉底大量的思考材料,因为它引发了如此众多的问题,而苏格拉底对这些问题持有他自己的坚定见解。尤其是它表明了苏格拉底在演讲术与哲学之间做出的区分,前者追求的是说服,后者追求的是真理。有大量的证据可以证明,伯里克利是令人信服的。但他所说的是真实的吗?

这个问题格外重要,因为伯里克利并非在独自宣告他关于雅典人道主义的宏大见解。他是一批精英与一群明星的领袖,这些拥有各种才华的人由于他们对人的能力的高度评价而联合起来。这些人包括了年老的埃斯库罗斯,他在伯里克利攀上权力顶峰的五年后,即公元前456年去世,但他最后一部未完成的戏剧《被缚的普罗米修斯》(*Prometheus Bound*)讲述的故事是,普罗米修斯这个神话人物由于将火与技艺给予了人类而受到宙斯的惩罚。普罗米修斯被展现为一个支持受压迫者的神祇和一个高度独立的思想家，而这出宏大的戏剧极大地振奋了苏格拉底——他的同情心强烈地支持与反对这部戏剧的诸多主要人物——它在苏格拉底的有生之年里经常得以重新流行。同样处于这个人道主义者的圈子里的是索福克勒斯（前496—前406），尽管他比苏格拉底年长二十多岁，但苏格拉底在其一生中都知道索福克勒斯与他的《安提戈涅》（前441）——一部不顾一切地呈现暴行、自杀和绝望的悲剧，它表现了那些最高贵的人，它是一阕关于男性和女性的赞美诗。它获得了如此巨大的成功，以至于伯里克利在接下来作为候选者竞选**将军**时，在自己的选票上写上了这位剧作家的名字。索福克勒斯在公元前440年被选为将军，这是他在写作的间隙所提供的众多公共服务中的第一个公共服务。

无论是在伯里克利眼中，还是在雅典人的普遍看法中，最重要的精英都是普罗泰戈拉（前485—前415），他来自色雷斯的阿布德拉，但他将伯里克利的雅典设为他的总部，并从公元前455年开始就在那里作为智术师授课。他是伯里克利的人类中心主义学说的首席理论家与表述者，柏拉图在《泰阿泰德篇》中对普罗泰戈拉的引用表明，普罗泰戈拉制定了如下准则："人是万物的尺度。"普罗泰戈拉的论著《论真理》与《论神》并未留存下来，但第二本书极有可能接近于古希腊的无神论。普罗泰戈拉在人们对他的引用中这么说道："至于神明，我没有任何手段来知晓他们是否存在。我也不知道他们的形式类似于什么。许多事情阻碍我们认识他们，既包括这个主题的绝对难度，也包括人类生命的短促。"苏格拉底就像绝大多数雅典人那样，他既不满于这样的观点，又不满于以下这个事实：普罗泰戈拉向富有家庭或贵族家庭的年轻人教导美德（或 arete），而且他是以一种世故的方式来教导美德，即将美德当作"出人头地"的手段。普罗泰戈拉还收取高昂的学费并成为富人。在那篇以普罗泰戈拉的名字作为标题的富有创意而又让人着迷的对话录中，普罗泰戈拉与苏格拉底不可避免地陷入了言语上的冲突。这揭示了普罗泰戈拉是温文尔雅的与通情达理的，苏格拉底是不谙世故的与理智的，这两位哲学家竞相公布诸多"进步的"观点，普罗泰戈拉特别有革新性。他阐述了这样的观点，即刑事司法不应当为复仇或报应所操纵：任何刑罚的目的都应当是阻止罪犯或其他人实施进一步的犯罪活动。正如我们将看到的，这是苏格拉底要发展的一个主题，这个主题产生了诸多巨大的历史后果。这是柏拉图记录的最佳对话之一。我不想过早地考虑苏格拉底论证与教导的方法，我将在稍后评述这个主题。但普罗泰戈拉对苏格拉底提出了一个非同寻常的疑难问题，因为不同于苏格拉底遇到并与之争辩的绝大多数聪明人，普罗泰戈拉是极其明白事理的、稳健节制的，简·奥斯汀或许会将之称为"一个明智的人"。尽管苏格拉底厌恶他的世故，并提出了最辛辣的讽刺，但普罗泰戈拉是以一种相当敏锐的可以消除敌意的常识假象来表现这种世故的。这种混合恰恰是伯里克利所看重的。他命令普罗泰戈拉发表关于进步的公开演说，而且在公元前443年，普罗泰戈拉为雅典的新殖民地图起草了一部有效的宪法。

伯里克利的观点恰恰是，一个城邦的文明生活是一个整体，明智的公民应当参与到这个城邦的方方面面之中，并将之作为一项对他的城邦与对他自己的义务，这反映的是雅典人的一个根深蒂固的信念。希腊的城邦是有所规划的，它们或许是历史上第一批按照理智的与有目的的方式布局的城市。到了公元前5世纪，希腊人已经采纳了在中东部分地区发展而成的网格结构，这让规划变得更加容易。这座城市的防御核心，如雅典的卫城，或许是由地势或地质情况决定的。但在一定限度内，这座城市可以进行合理的安排。所有的设施——会场、剧院、（音乐）会堂、各种体育馆或学校、运动场，以及集市或购物中心——都按照对彼此便利的关系加以安置。所以这些设施通常都能容纳全部男性成年公民。

雅典是一个具有流动性的社会，既可以向上流动，也可以平级流动。有一个名叫帕西翁（Pasion）的奴隶，他是在苏格拉底四十岁时出生的，他在银行里工作勤奋而又有主见，他赢得了他的自由，并且成功运用他的方式从议会得到了（或者有可能是购买了）他的公民身份，他最终成为希腊最富有的人。帕西翁变得不得人心，他足以激起德摩斯梯尼[1]与伊索克拉底[2]发表针对他的愤怒演说（如伊索克拉底的《反对银行家的演说》或《关于银行家的演说词》[*Trapeziticus*]）。此外，在苏格拉底的时代里，摔跤冠军可以成

---

1 德摩斯梯尼（Demosthenes，前384—前322），雅典雄辩家和民主派政治家，早年跟从雅典演说家伊塞优斯学习修辞，后积极从事政治活动，极力反对马其顿入侵希腊。喀罗尼亚战役后亡命海外，公元前323年马其顿亚历山大三世去世后，返回雅典组织反马其顿运动，失败后自杀。——译者注

2 伊索克拉底（Isocrates，前436—前338），希腊古典时代后期著名的教育家，是智术师普罗泰戈拉和高尔吉亚的学生，与苏格拉底亦有师生关系。他虽然猛烈抨击当时日渐颓败的诡辩式教育，但局限于从道德人格上进行指责，尚不能像柏拉图那样从理论上进行深刻的批驳；实际上，伊索克拉底在很大程度上师承了智者派的教育传统，主要教授修辞学和雄辩术，以培养演说家为己任。——译者注

为众所周知的哲学家，剧作家与历史学家可以成为将军，将军、历史学家、诗人可以成为政治家，而政治家可以撰写戏剧。一个建筑师或许创建过一个殖民地，一个曾经制造过灯具的人或许统治过这个城邦。柏拉图几乎将他的一生都献给了诗歌。苏格拉底在抛弃那个认为源自上天的迹象"与我的理性相一致"的想法之前，曾经认真地考虑过要参与公共生活。公元前5世纪的雅典在历史上的独特之处是，它让拥有才华的人可以轻易跨越专业的界限与行业的界限。

至少在伯里克利的鼎盛时期，雅典的独特之处还表现为，它将民主制、帝国与文化的巨大成就（实际上是文化的必胜信念）融合在一起。其中的秘密就是金钱。提洛联盟最初是为了对抗波斯而形成的，后来则成为由雅典的同盟者与殖民地构成的雅典帝国的基础，每个同盟者与殖民地都要向由雅典控制的共有金库做出捐赠。这座城市进行了某些重建，以弥补波斯人的洗劫所造成的损失。但伯里克利一经就职获取权力，就形成了一个使用这个共有金库，以最壮观的方式重建雅典的规划，特别是要重建雅典的卫城。这个计划的核心部分是在卫城的最高点建立一座帕特农神庙，以安置一座由纯金和象牙打造而成的雅典娜女神的巨大雕像。伯里克利宣称，这笔钱是为了组成联盟的所有城邦的利益而花费的，因为雅典娜是每个城邦的守护女神，而且正如希腊人仍然认为的那样，所有城邦都把雅典及其荣耀视为希腊文明精神的典范。但其他城邦觉得这笔资金遭到了滥用，特别是当雅典觉得有必要提升向每个城邦征收的贡金时。它是那些据称自由的帝国的一个共同问题，无论提升税金是像宗主国所宣称的那样让所有国家都受益，还是事实上仅仅让宗主国受益。这形成了一条贯穿大英帝国历史的论辩线索，它是英国与美洲的十三个殖民地争论的根源，并导致了美国的独立战争与美利坚合众国的建立。

无论如何，伯里克利继续推进了这个规划并花费了这笔资金，在这个过程中他让雅典成为古代世界的艺术中心与建筑中心，吸引了整个希腊与希腊之外的工匠，特别是熟练的石雕师。这让苏格拉底特别感兴趣，因为石雕是苏格拉底家族所属的行业，他家庭的传统是，他和他父亲都从事过这个工作。在我看来，他更有可能为帕特农神庙的规划所深深吸引，因为这个规划激起了诸多技术问题，而这些技术问题实际上是哲学问题。伯里克利让他的朋友与支持者菲狄亚斯（前490—前432）全面负责这个文化计划与建筑规划，菲狄亚斯在这种形势下所发挥的作用，与米开朗基罗对教皇尤里乌斯二世发挥的作用，查尔斯·勒布伦[1]对路易十四发挥的作用，或奥斯曼男爵[2]对拿破仑三世发挥的作用相同。这个才华横溢的人能够让自己着手去从事绘画、建筑或其他任何需要艺术技巧、判断与宏大理念的事情，但他的主要工作是雕塑家的工作。他已经创造了一个十米高的雅典娜青铜雕像，它被安放在雅典卫城的一个显著的

---

1 查尔斯·勒布伦（Charles Le Brun，1619—1690），17世纪法国宫廷画家，曾为凡尔赛宫和卢浮宫创作过大量的壁画和天顶画，被路易十四称为"有史以来法国最伟大的艺术家"。——译者注

2 奥斯曼男爵，指的是乔治-欧仁·奥斯曼男爵（Georges-Eugène Haussmann，1809—1891），法国城市规划师，因受拿破仑三世重用，主持了1852年至1870年的巴黎城市规划，当今巴黎的辐射状街道网络的形态即为他的代表作。——译者注

地方。雅典娜被公认为一位战士,当晨光照射到她的头盔与长矛尖的时候,她可以被正在绕过二十英里(约32千米)开外的苏尼翁海岬的水手看到,这让水手知道他们快要到家了。

菲狄亚斯在那时着手制作的是用黄金和象牙打造而成的(或者众所周知,是由黄金和象牙包裹而成的)雅典娜的巨大雕像,并将之安置于修复的雅典卫城的最高点,与之共同建造的是一座安置这个雕像的大小恰当并有所装饰的神庙,即帕特农神庙。这座雕像的脸部、手臂与其他可见的身体部位是由象牙制成的,但许多其它部分是由固体黄金构成的,某些黄金被隐藏于雕像之中。这件作品所发挥的作用并不仅仅是震惊这个世界,而且还是将雅典的黄金储备放置于一个神圣的安全处所,因为那些隐藏的部分可以在需要的时候加以抛售。因此,菲狄亚斯的雅典娜不仅是主导这个城邦的女神,而且还是这个城邦的中央银行。

安置这个受到狂热崇拜的珍贵雕像的帕特农神庙是多立克柱式建筑的巅峰杰作,多立克柱式是希腊人从法老统治的埃及那里模仿(尽管希腊人不会承认这一点)并加以改进的一种石头建筑风格。它是相当简约的,到了公元前5世纪,它成为一种古色古香的风格,因而适合应用于最大规模的庄严宗教建筑。

这项庞大的工作起始于公元前447年,十年之后即公元前438年,这项工作得以完成。实际建造帕特农神庙的建筑师是伊克提诺斯(Ictinus),为他提供协助的是一个名叫卡里克拉特(Callicrates)的人与另一个名叫卡皮恩(Carpion)的人。我们对这两个人一无所知,但伊克提诺斯是一个能干的人,他创造了那座位于阿卡迪亚巴塞市的壮观华丽的阿波罗神庙,他还是一位作家,因为他（根据罗马工程师维特鲁威[1]撰写的一部论述建筑学的专著）提供了对这座建筑的描述。

令人感到惋惜的是，这项作品的成果没有留存下来，因为帕特农神庙的宏伟壮丽的形式提出了两个哲学问题，这就是它对苏格拉底如此重要的原因。第一个问题是，建筑师通过几乎感觉不到的对直线的偏差而创造出了一种虚幻的张力与刺激。这种技艺或科学被称为卷杀（entasis），它来自希腊动词 *enteinein*，它表达的观念是对立的力量拉紧在其力量控制下的那个对象。公元前5世纪的希腊建筑师会赞同阿尔伯特·爱因斯坦关于时空的这句格言："一切事物都略有弯曲。"通过直线的微小偏差连同所有三维平面上的宽径向弧，通过在柱基略微向上并在柱顶加以呼应的曲率，通过加厚的角柱与角柱间距的双重收缩，以及通过许多其他这样的手段，帕特农神庙变得看起来更加"真实"，并被赋予了一种运动的感觉与一种有机生命的感觉。达到这些效果所需的测量结果必须是精确的，而这为建筑师、绘图员、雕刻师与石匠的工作增添了一种额外的特点。当苏格拉底坚持主张，数学应当被用于实际的目的（而不是被用于他的学生柏拉图所提议的形而上学思辨）时，他在心中想到的恰恰就是他从头到尾观察过的帕特农神庙的建造活动。

正如柏拉图与色诺芬记录的各种对话所表明的，苏格拉底也着迷于艺术幻觉的整个过程，卷杀是这种艺术最巧妙的应用之一。

---

1 维特鲁威，全名为 Marcus Vitruvius Pollio，生卒不详，古罗马作家、建筑师和工程师，活跃于公元前1世纪。他的著作《建筑十书》被称为建筑学的百科全书，在建筑理论和建筑史上占据了重要的地位。——译者注

我们不得不假定，菲狄亚斯在与伯里克利进行磋商之后，负责实施了建筑师如今所说的这些"改进"，对它们的支持让成本大大增加。在帕特农神庙里，东部**柱列多级台座**（*krepidoma*）的向上曲率与诸多墙壁外平面的倾斜或倒倾是令人惊叹与花费昂贵的特征。事实上，这座伟大的建筑物标志着古代建筑学的视觉复杂性的最高峰。尽管这种偏差大大增加了建造帕特农神庙的难度，但它里里外外都是由最上等的大理石建造而成的，这极大地增加了它的美与稳固性。这解释了尽管它受到了诸多蛮族、土耳其人、威尼斯的炮兵以及其他人类活动的影响，但它仍然以某种方式存续了两千五百年的原因。

在菲狄亚斯警惕的双眼的注视下，帕特农神庙的内部与外部都为最高品质的雕像所装饰，偶尔则是以大师亲手雕刻的作品来装饰的，其中最好的那部分雕像为额尔金勋爵[1]所保存，它们被极好地展示于大英博物馆，人们在那里仍然可以看到这些雕刻作品。帕特农神庙作为一个整体，标志着古希腊艺术的顶峰，对此没有必要在这里做出更多的评述——除了以下这一点：苏格拉底对它的巨大兴趣。希腊神庙是诸神之家，这些神庙外部与内部的装饰描绘了这些不朽的神明的诸多活动。这是一种宗教的义务与一种不容变更的艺术惯例。然而在帕特农神庙中，檐壁表现的是普通人的队列：雅典的公民排成队列前去向雅典娜表示敬意。希腊神庙留存了少数这样的例证，尽管是为了神圣的目的，但它们表现的是普通的男女

---

1 额尔金勋爵（Lord Elgin），指的是第七代额尔金伯爵托马斯·布鲁斯（Thomas Bruce, 1766—1841），以掠夺雅典帕特农神庙的大理石雕刻闻名。——译者注

集会，而帕特农神庙是其中最早的一个例证。所有其他的神庙描绘的则是诸神或英雄的神话。这种革新是经过深思熟虑的，而且它获得了我们无法质疑的最高等级的授权，它标志着伯里克利的人道主义最敢于创新的要点所在。对苏格拉底来说，它必定是伯里克利所发起的整个文化事业最重要的特征。

我们在大英博物馆与其他地方凝视这些大理石雕像，以无言的恭敬赞赏帕特农神庙宏大壮丽的纪念性主题。但只有在关于它们的诗歌与音乐的有声环境中，人们才可以看到这些形象。我们永远不应当无声地用幻想来构造苏格拉底的精神。希腊人是通过创造有教养的、有所克制的与经过训练的声音来让自己超出野蛮状态的，无论它们是在诗歌中说出的声音，合唱的声音，还是在各种乐器（尤其是里拉琴、长笛或阿夫洛斯管[1]）的伴奏下独自唱出的声音。远在希腊人学会撰写散文之前，他们就已经在吟诵或传唱诗歌了，在他们的思想家转向伦理学的数个世纪之前，音乐就是道德训练的一种形式。

在公元前5世纪，希腊人就意识到了音乐巨大的情感力量，他们开始系统探究音乐在智识方面的内容。处于如今的意大利的毕达哥拉斯发现了音程与数学之间的关系，而雅典的达蒙（Damon）几乎成为第一个广泛论述音乐，特别是不同的节奏与音阶对民众的伦

---

[1] 阿夫洛斯管（aulos）是古希腊最原始的乐器之一，也是现代管乐的始祖。它是一种芦管制成的单管或双管的竖笛。在崇拜酒神的仪式及后来的酒神合唱和雅典悲剧合唱中，阿夫洛斯管都是重要的乐器。在西方现代文化的观念中，里拉琴演奏的崇拜阿波罗的音乐与阿夫洛斯管演奏的崇拜酒神的音乐，已经成为性格相互对立的两大类音乐的象征。前者平静而节制，后者狂喜而放纵。——译者注

理效果的人。苏格拉底不仅相当了解达蒙与他的老师普罗狄克斯[1]，而且还尊重他们的见解；苏格拉底向柏拉图介绍了音乐伦理学的整个主题，而柏拉图在撰写他的作品，特别是撰写《理想国》时对这个主题就有许多东西要加以论述。

我怀疑，苏格拉底的音乐欣赏能力是贫乏的。尽管他知道，一个追寻智慧与美德的人应当关注音乐，但他发现难以做到这一点。他为自己开脱的方式是坚决主张，哲学是那种最为精致的音乐。他在晚年渴望学习里拉琴，这种乐器是业余爱好者最容易演奏的，就好像我们这个时代的吉他。苏格拉底从未怀疑过音乐的重要性，而且他热诚地聆听达蒙。重要的是，达蒙曾经是伯里克利的家庭教师。音乐提供了一种独特的手段来让大量不同性别与各种年龄的公民参与到公共活动之中。那里有伴随着歌声与音乐的没有尽头的宗教队伍。雅典迪皮隆门附近的一座特殊建筑庞贝翁（Pompeion）竖立在游行队伍聚集的地方。在游行队伍领头位置的童贞女携带着神圣的用具。老人戴着绿色的枝状头饰。年轻人引领着被献祭的牲畜。紧随其后的通常是战车与骑马的人。典礼官则维持秩序。管弦乐队是所有这些游行队伍的一部分。

陶器上的绘画——我们通向公元前5世纪雅典的主要窗口——富于启发地让我们得以了解这种仪式性的音乐。有一个在苏格拉底诞生的三十年前就已经完成的阿提卡黑绘双耳瓶，它如今

---

[1] 普罗狄克斯（Prodicus，前465—前395），古希腊哲学家与第一代智者派的重要代表，曾以凯阿岛大使的身份前往雅典，以演说家和教师的身份而知名。相较于其他智术师，柏拉图对他更为尊重。在柏拉图的对话录中，他与苏格拉底似乎是友人。普罗狄克斯的思想具有无神论的特点。——译者注

被保存于慕尼黑古代艺术展览馆,它展示了一批阿夫洛斯管和基萨拉琴[1](基萨拉琴是里拉琴的专业形式)、巴尔比通琴[2](一种低音的里拉琴)与响板——打响板的人同时还会跳舞。乐器演奏家通常都是男人——女人精通的是竖琴,这种乐器过于庞大,以至于无法携带——但男人、女人、男孩和女孩都会在合唱队中歌唱。里拉琴最初是由乌龟的外壳制作而成的,这种外壳构成了共鸣箱,但到了苏格拉底的时代,龟壳共鸣箱已经为木质共鸣箱所取代。基萨拉琴的分量更重,它的琴臂延长了共鸣箱,它又大又沉,人们不得不通过将它靠在身上来握紧它,用穿过肩头的皮带与系到左手腕的条带来固定这件乐器。里拉琴则轻便得多,女人也可以演奏里拉琴。我们还可以在陶器上看到女人演奏阿夫洛斯管。

只有大约一千小节的古希腊音乐留存下来(某些古希腊音乐被刻在了石头之上),但亚里士多塞诺斯[3]这位在苏格拉底去世后的

---

[1] 基萨拉琴(Kithara)起源于美索不达米亚,但传到希腊后特别受欢迎,以至于成为希腊最民族化的乐器。基萨拉琴属于里拉族乐器,基萨拉琴形状较大,声音也比一般的里拉琴响亮,做工往往讲究装饰精致。由于演奏技巧比较复杂艰深,常为专业演奏者所采用。而普通的里拉琴比较轻柔,往往用于歌唱伴奏和诗歌吟唱,多为业余音乐家所使用。——译者注

[2] 巴尔比通琴(barbitos),一种里拉琴,它的音域更低,多用于情歌的伴奏。——译者注

[3] 亚里士多塞诺斯(Aristoxenus),古希腊逍遥学派的哲学家之一,活跃于公元前4世纪前后,古典时期的首位音乐理论大家。出生于意大利南部他林敦,曾在雅典师从亚里士多德。他的兴趣广泛,著作甚多,但传世作品较少。除音乐作品外,其论述毕达哥拉斯、阿尔库塔斯、苏格拉底和柏拉图等人的传记以及关于毕达哥拉斯伦理学的记述均仅存残篇。——译者注

那一代出生的音乐理论家就曾经说过,歌曲涵盖了三种八度音阶,并被分成五个声部,与之相对应的是男低音、男中音、男高音、女中音和女高音,最后两个声部通常是由儿童演唱的。音乐则具有一些不同的种类:供游行使用的音乐,它具有不同速度的强烈节奏;宗教赞歌;向狄奥尼索斯致意的戏剧赞歌(被称为酒神颂),它仅仅是由男人在酒精的影响下歌唱的;以及凯歌,赞美男女诸神与英雄(神话英雄和同时代的英雄)的歌曲。

凯歌在伯里克利的那个时代里得以茁壮成长,伯里克利乐于将欢欣鼓舞的歌曲乃至军事性的歌曲添加到公共场合之中。他通常让自己的雕像佩戴头盔,面甲被抬起,展示出他严厉而又英俊的面部特征——这个公元前5世纪的青铜原件,有一个精致的罗马复制品,它被收藏于大英博物馆。但多亏了伯里克利的努力,音乐变成了雅典人生活中的一种格外重要的要素,在苏格拉底的那个时代里,我们开始得知专业的作曲家:基内西亚斯[1]、提莫西亚斯[2]、费罗

---

1 基内西亚斯(Cinesias,前450—前390),古希腊雅典抒情诗人,尤其擅长撰写酒歌,他的作品现已失传。——译者注
2 提莫西亚斯(Timotheus,前446—前357),古希腊米利都诗人,以酒歌和合唱抒情诗著名。他具有创新精神但影响较小。他的十九本书中的绝大多数内容均已失传。——译者注

萨努斯[1]、麦拉尼皮德斯[2]，尽管他们创作的乐曲都没有被保留下来。希腊有时会在德尔菲举办音乐比赛，例如，希腊人会为皮提亚竞技会举办音乐比赛：品达的一首颂歌颂扬的就是一个阿夫洛斯管的演奏者的获胜。不过，伯里克利在雅典创建了泛雅典娜音乐节，它为各种音乐设置了奖项，包括基萨拉琴与阿夫洛斯管伴奏的独唱与这两种乐器的独奏。苏格拉底最终对音乐及其伦理影响所产生的兴趣，反映了音乐在质量和多样性上的提高。

伯里克利的文化变革的活力以类似的方式影响了戏剧，虽然雅典的剧场与音乐厅是两座独立的建筑，但在音乐与戏剧之间做出明确区分是一种具有误导性的做法，因为绝大多数的音乐演出都具有戏剧的要素，而在舞台上演出的东西，在戏剧朗诵的前后与期间，通常都具有音乐的要素。希腊人并不觉得在他们音乐的节奏与他们诗歌的音步之间存在许多差异。戏剧最初就是吟诵或歌唱的合唱队。这种合唱的单位并不是抑扬格，而是短句，诗人将他们合唱的短句构建成复杂的诗节。远在希腊人成为有读写能力的民族之前，他们就不断造就诗人。所有的诗歌都拥有宗教的根源，也就是说，诗歌涉及的是诸神的活动以及他们与男人和女人的关系。

---

1 费罗萨努斯（Philoxenus，前435—前380），古希腊酒歌诗人，曾效力于叙拉古的狄奥尼西乌斯一世的宫廷。他最著名的酒歌是《独眼巨人》，诗中的独眼巨人在里拉琴的伴奏下独唱，这一新型人物为阿里斯托芬所效仿，在古希腊曾经轰动一时。——译者注

2 麦拉尼皮德斯（Melanippides，前520—前450），古希腊米利都酒歌诗人，他多年活动于古希腊城邦，由于采用抒情独唱的方式改变了酒歌的结构而为人所知，但其作品存世极少。——译者注

诗人背诵他们的作品，他们当然是凭借自己的记忆熟识这些作品的——这个传统在英国仍然是有根据的，例如，它在柯勒律治与华兹华斯的时代里就是有根据的。观众也是凭借自己的记忆了解这些作品的某些部分的；在苏格拉底的时代里，观众有时甚至凭借记忆记住整部作品。苏格拉底提到了一个能够背诵整部《伊利亚特》的朋友。荷马的作品是准宗教的，最接近于这些希腊作品的是犹太律法书《托拉》，因为它们不仅详细叙述了犹太人的历史，而且还仿效某种方式教导礼仪与道德。

戏剧也拥有宗教的根源，这导源于对狄奥尼索斯的狂热崇拜。这个半人半兽的、具有悲喜剧特征的、嗜酒的、类似萨提尔的神祇来自过去的野蛮部落，在犹太教与基督教的宗教信仰中并没有对应者，狄奥尼索斯对我们来说是难以理解的。然而，他非常有力地把握住了希腊文化的想象力，苏格拉底的面容与身体强烈地类似于对这个神祇的夸张模仿，这个事实是苏格拉底对雅典人具有吸引力，他受人欢迎与不受人欢迎的重要原因。当苏格拉底侃侃而谈时，雅典人无法对他视而不见。狄奥尼索斯代表的是我们或许会称之为原教旨主义或福音教派的那方面宗教信仰：情绪高涨、充满喧嚣、不断吟唱、拍手、呼喊和舞蹈。它的庄严性由于喝酒，特别是由于男人喝酒，而被严重削弱。女人则进入了一种狂喜的痉挛状态，然后她们被称为酒神的女祭司。她们戴着人类的面具。这就是戏剧的真实起源，并在经过一段时间之后被分为喜剧演出与悲剧演出。

音乐最初扮演了一种支配性的角色，主要的演员是合唱队。在戏剧的这两种氛围中，它都更为接近于被我们称为清唱剧的东西，而不是更为接近于戏剧。在最初的狄奥尼索斯的戏剧中，赞美这个神祇的酒神颂是一种颂歌形式的赞美诗，这种活动是为了崇拜这个神祇而服务的，合唱队则是向他们的神祇致敬的雅典民众。这种狄奥尼索斯的要素逐渐变弱，接下来则消失了，它仅仅依附于一种作为有所掩饰的粗俗笑话的喜剧之上。与此同时，戏剧出现了，其中的行动与歌词都以戏剧的形式呈现了希腊神话传说中在本质上是悲剧的诸多故事，合唱队则提供叙述性的评论并指明道德上的寓意。在苏格拉底的整个一生中都有一种宗教性的戏剧，这种戏剧一直延续到了公元前4世纪，它的主题是人类与控制他们命运的诸神之间的关系。

某些希腊人逐渐相信永恒生命与灵魂不朽的观念——这是苏格拉底思想的一个核心主题——狄奥尼索斯的戏剧效果肯定是以它的悲剧形式推动了这些信念，因为狄奥尼索斯是灵魂的主人。永生与拯救灵魂的相似概念也在公元前5世纪的其他文明社会中传播，特别是在埃及传播，而在希伯来的巴勒斯坦获得了更多的传播。犹太人甚至由于这些力量而发展形成了一种形式的戏剧，它的一个显著例证是《约伯记》，它得以留存下来是因为它找到了让自己成为圣经正典作品的途径。学者似乎认为，《约伯记》的创作时间在公元前400年左右，这是苏格拉底去世的时间，希腊的悲剧在那时已经成熟，但仍然是宗教性的。由于约伯与上帝的对话模仿合唱，以及它对自然世界的精彩描述，《约伯记》在本质上是一部关于上帝旨意的神秘运作的戏剧，它是打算在公开场合朗诵的诗歌——所有这些都是公元前5世纪的希腊戏剧的典型特征。倘若《约伯记》没有受过希腊宗教戏剧的影响，这就会让人们感到不可思议，我们如今已经遗失的其他希伯来戏剧无疑都受过希腊宗教戏剧的影响。就我所知，没有证据表明犹太人曾经拜访过雅典或在苏格拉底的时代里生活于雅典，但许多希腊人曾经在巴勒斯坦生活过。

我们现在看到的雅典的悲剧诗歌通常首先在狄奥尼索斯剧场[1]上演，倘若不考虑荷马，这就是希腊对世界文学的最大贡献。它在公元前5世纪期间不断变得成熟，而伯里克利的文化纲领在很大程度上加快了它的发展。相关的比赛每年都会举办，获胜者将被授予大量的奖赏。结果是产生了大量的剧作家，但舞台为三个剧作家所支配。这种体裁在历史上最早的创建者是最受伯里克喜爱的埃斯库罗斯（前525—前456），他曾经在马拉松战役中战斗过，或许也在萨拉米斯海战中战斗过。他是一个热情而又虔诚的雅典爱国者。他在自己的一生中赢得了许多比赛，而他的戏剧在他死后继续获奖，但在他创作的七十到八十部戏剧中，只有七部戏剧留存下来。索福克勒斯（前496—前406）的作品，我们也仅仅保留了七部，尽管他撰写过一百三十六部作品，而其中的九十六部戏剧获得了一等奖或二等奖（索福克勒斯从未得过三等奖）。欧里庇得斯（前485—前406）则更为幸运：他撰写过九十二部作品，我们拥有其中的十九部作品的文本，欧里庇得斯也赢过各种奖项。

根据亚里士多德（他详细地撰写过与戏剧有关的主题）的观

---

[1] 狄奥尼索斯剧场位于雅典卫城南侧，是两个半圆形的剧场，由门廊相连，充分体现了古希腊人对艺术的热爱。狄奥尼索斯剧场建于公元前6世纪，是希腊最古老的露天剧场。在这足以容纳一万七千人的剧场里曾经上演过无数场埃斯库罗斯、索福克勒斯和欧里庇得斯的悲剧作品及阿里斯托芬的喜剧作品。——译者注

点,戏剧是由狄斯比斯[1]发明的,他是一个公元前6世纪的作家,他引入了与合唱队交替的单独表演的演员。埃斯库罗斯在这种革新的基础上使用了两个演员,在他后期的戏剧中则使用了三个演员,尽管恰恰是索福克勒斯才引入了第三个演员。很快戏剧就会用到四个或更多演员,随着演员数量的增加,最初具有支配地位的合唱队的作用有所下降。它纯粹变成了不同场景之间的插曲,就像我们的幕布一样,到了公元前5世纪末,合唱队不再与戏剧有任何关系,它成为一种纯粹音乐意义上的标点符号。在埃斯库罗斯死后,宗教的要素也有所减少,神话的男女英雄变成现实生活里的角色。索福克勒斯与欧里庇得斯(后者发挥的作用更大)发明了插曲,在那个世纪快要结束时,一个新的剧作家阿伽颂[2]在公元前416年获得了他的第一次胜利,他在那时还是一个年轻人,阿伽颂发明了具有完整形式的戏剧,如他的《安修斯》(*Antheus*),尽管他的作品只有四十几行文字被保留下来。柏拉图关于苏格拉底的《会饮篇》庆祝了这次胜利。

---

[1] 狄斯比斯(Thespis),活跃于公元前6世纪前后,古希腊伊卡里亚诗人,因革新悲剧而闻名。他率先使用一名演员开场并与歌队进行交流,首次把酒神祭典中所唱的歌曲改写成对话式的悲剧对话剧本,因而被誉为希腊悲剧的始祖。——译者注

[2] 阿伽颂(Agathon,前448年—前400),古希腊悲剧作家之一,他是首位通过想象人物构成虚拟主题的作家。公元前416年,他在雅典酒神节的戏剧比赛中第一次获得胜利,公元前407年,他离开雅典到达马其顿并至终老。柏拉图与阿里斯托芬均对其有所评述。——译者注

在苏格拉底的时代里，并不存在像埃皮达鲁斯的华丽剧场[1]那样为特定目的建造的剧场，这种剧场拥有极好的音响效果，它让人们坐在后排也可以听到舞台上的低语。一切都普遍发生于阳光之下，尽管某些场景被设置为在夜间发生。索福克勒斯引入了舞台的布景，很快演员们就通过诸多出入口来进入舞台与离开舞台，尽管直到苏格拉底死后的公元前4世纪，仍然没有任何地势较高的舞台。人们越来越严肃地对待戏剧，人们做出了巨大的努力来公正评判相关的比赛。雅典被划分为十个地区（原先是被划分为诸多部族），每个地区都把获胜者的名字封入一个瓮内。不过柏拉图曾经说过，评判的决议通常是由观众掌声的热烈程度来决定的。

显而易见，苏格拉底、柏拉图和后期的亚里士多德深深关切着戏剧的发展，对此存在一个特殊的理由。公元前5世纪的希腊悲剧表现出了一种对人性与人在压力之下的性格和行为的不断增长的兴趣。埃斯库罗斯倾向于表现类型——尽管也有值得注意的个体——索福克勒斯精于表现在可怕压力下的高贵个体，欧里庇得斯则经常探究非同寻常的或极端的心态。雅典人开始在舞台上不仅仅能看到身体，而且还有具现化的灵魂。这实际上就是苏格拉底的世界，因为他不仅是一位哲学家，还是一位心理学家。但总的来说，悲剧作家与哲学家正在相同的领域内活动，毫不奇怪，柏拉图在他自己仍然受到苏格拉底的大量影响的时期里几乎变成一个悲剧

---

[1] 埃皮达鲁斯剧场是古希腊城市埃皮达鲁斯（Epidaurus）的剧场，这座剧场奉献给古希腊医学之神阿斯克勒庇俄斯。就声学和美学而言，这座剧场被认为是最完美的古希腊剧场。现在这座剧场仍吸引众多来自世界各地的游客，并上演古代的戏剧。——译者注

诗人。他原本会成为一个优秀的悲剧诗人。我们得知，苏格拉底在年老时曾经写过诗歌，尽管他的诗歌都没有流传下来。但我们被告知，欧里庇得斯的一部歌剧曾经被苏格拉底"修补"过。一个能够成功修改一位重要剧作家作品的人，显然是一个经常去看戏剧，并充分熟悉这种表现方式的人。

由于他的狄奥尼索斯式的外表、反讽的天赋、机智的智慧，以及对生活的几乎每个方面的批判性态度，苏格拉底显然也是一个能够修补喜剧的人，尽管没有任何证据表明他曾经这么做过。原始人（并非仅仅是希腊的原始人）喜欢公开伪装成某个其他的人，并做出诸多怪诞、下流与滑稽的事情，而这是他们在正常生活中不敢去做的事情。我们从铭文中得知，诙谐幽默的成年男性合唱是雅典狄奥尼索斯盛宴中的一个古老要素。一个出自公元前6世纪的阿提卡黑绘双耳瓶展示的是装扮成马的男人们，其他戴着面具的人则骑在他们身上，为之伴奏的是一个长笛演奏者。另一个稍后制成的双耳瓶展示的是他们装扮成鸟。这个时期的花瓶表现了佩戴阳物的舞蹈者，一个来自柯林斯的巨爵[1]展示了诸多戴着面具，巨大的肚子被带子绑了起来的舞蹈者。狄奥尼索斯的游行队伍携带了巨大的男性生殖器形象，亚里士多德写到了下流的作品、滑稽好笑的诗文、粗俗的性玩笑，以及被他称为"生殖器崇拜的歌曲"的东西——亚里士多德说，它们仍然是"许多城邦的习俗"，但它们不再是雅典的习俗，雅典已经变得相当高雅时尚。另一个特征是对观众的粗鲁伤害。这是我们这个时代的美国漫画所使用的一个手法，这是阿

1　巨爵（krater）是古希腊人和古罗马人用来冲淡酒的一种容器。——译者注

里斯蒂德·白里安[1]、蒙马特尔的夜总会歌手、图鲁斯–劳特累克[2]精心绘制的作品的重要惯用手段。历史学家所称的公元前5世纪的古老喜剧会给我们留下这样一种印象，这种印象更类似于伪装的游戏或各种表演，而不是一种戏剧。就像在儿童故事与民间传说中那样，在那里有许多会说话的动物。

关于阿里斯托芬（前445—前385），我们知道得不多，尽管他出现于柏拉图记录的那场与苏格拉底有关的著名晚宴。阿里斯托芬将这种恶作剧的剧场大杂烩转变成了诸多讽刺剧，其中有十一部戏剧流传下来（再加上其他三十二部戏剧的标题与片段）。他在十八岁时撰写了一部名为《赴宴的客人》（*The Banqueters*）的戏剧，这部戏剧赢得了二等奖，并部分留存下来。在接下来的两年里（公元前426年与公元前425年），他凭借着《巴比伦人》（*Babylonians*，已经遗失）与《阿卡奈人》（*Acharnians*）赢得了一等奖，而《阿卡奈人》是他流传下来的第一部戏剧。这是一部关于战争与和平的戏剧，它想要保持严肃的态度，但存在着诸多喜剧的要素。尽管阿里斯托芬被归类为喜剧作家，但事实上他总是不确定地在对真实事件和真实民众的巨大夸张与插科打诨之间徘徊。他实际上是一

---

1 阿里斯蒂德·白里安（Aristide Briand, 1862—1932），法国政治家，1901年担任法国社会党总书记，1909年—1929年当过十一次法国总理，1906年—1932年担任内阁职务多达二十六次。他为国际合作、国际联盟与世界和平所作的努力，使他在1926年获得诺贝尔和平奖。——译者注

2 亨利·德·图鲁斯–劳特累克（Henri de Toulouse-Lautrec, 1864—1901），法国贵族、后印象派画家、近代海报设计与石版画艺术先驱，被称作"蒙马特尔之魂"。劳特累克承袭印象派画家奥斯卡–克劳德·莫奈、卡米耶·毕沙罗等人的画风，并深受日本浮世绘的影响，开拓出了新的绘画写实技巧。——译者注

位讽刺作家（就这个术语的严格意义而言）。《骑士》(Knights，前424）是他亲自制作的第一部戏剧（根据规则，此前他被认为过于年轻），或许是由于这个缘故，这部戏剧赢得了一等奖，它是对当时在位的蛊惑民心的政客克里昂[1]的一次攻击。《黄蜂》(Wasps，前422）是对雅典的陪审制度的讽刺。《和平》(Peace，前421）是一部反战的戏剧，其中有一只巨大的甲虫，这只甲虫从囚禁它的山洞那里得到了和平。《吕西斯特拉忒》(Lysistrata，前411）也是一部反战的戏剧，它与《特士摩》(Thesmophoriazusae)是在同一年上演的，这表明了女人正在接管戏剧。《蛙》(Frogs，前405）赢得了另一个一等奖，它涉及的是雅典的戏剧与文学通常都拥有的，构成埃斯库罗斯、欧里庇得斯与其他人的特征的（在他看来）令人遗憾的困境。

阿里斯托芬在英国戏剧中的对应者恰恰几乎就是本·琼生[2]，我们对他的了解则来自这些古老的希腊戏剧。它们应对的是虚构的人物和真实的人物、真实事件与当下的习俗惯例，它们通常是以一种怪诞而又夸张的形式来加以呈现的。阿里斯托芬与之较量的是某些相当令人不快的拥有巨大权力的人，如克里昂，让我感到惊讶的

---

[1] 克里昂（Cleon），活跃于公元前5世纪的伯罗奔尼撒战争期间的雅典政治家与军事将领，出身于富裕的皮革家庭。古希腊历史学家修昔底德和阿里斯托芬均对其持有异议，认为他是该战争的挑动者之一。早年反对伯里克利受到挫折，后来在伯里克利死后成功崛起，掌权期间竭力纠集其他希腊城邦反对斯巴达，在和斯巴达交战的安菲波利斯战役中阵亡。——译者注

[2] 本·琼生（Ben Jonson，1572—1637），英格兰文艺复兴剧作家、诗人和演员。他的作品以讽刺剧见长，《福尔蓬奈》和《炼金士》为其代表作，他的抒情诗也很有名。——译者注

是，阿里斯托芬躲过了控告、放逐或死刑——或许阿里斯托芬是幸运的，他肯定公开攻击过克里昂，而克里昂在战斗中被杀死。

公元前423年，阿里斯托芬上演了《云》，这是对雅典的智术师、知识分子与哲学家的普遍攻击，这部戏剧尤其关注的是苏格拉底，他实际上成为这部戏剧的主角。我们现在拥有的仅仅是一个经过修正的版本，这个版本不曾上演，而我们无法确切地得知最初的版本与真实的上演情况究竟如何。它在现代的演出是糟糕的，在我看来，我们如今所拥有的那个版本是粗劣的、花言巧语的和令人生厌的，尽管它在现代的演出可以获得成功，并且曾经获得过成功。就像阿里斯托芬的其他作品，它让自己导向巧妙的方向。它与真实的苏格拉底、苏格拉底的观点或苏格拉底的真实生活没有任何关系，却把苏格拉底展现为一个相当令人讨厌的邪恶之徒。既然是这样，为什么柏拉图在他的《会饮篇》中将苏格拉底和阿里斯托芬描述为朋友，并将后者描述为一个有魅力的人呢？我只能推测，在阿里斯托芬撰写《云》的时候，他仅仅通过恶意的谣传了解苏格拉底，一旦他们见面交谈，阿里斯托芬的观点就发生了戏剧性的变化。苏格拉底对此并不抱有怨恨。关于这部戏剧对自己的攻击，苏格拉底说："倘若这种批评是公正的，那么我必定会试图改变自己。倘若这种批评是不真实的，那么它就是不重要的。"

阿里斯托芬在《阿卡奈人》中深刻而又有力地批评了伯里克利。只要考虑到阿里斯托芬的个人意见，这种批评就是可以预料的。因为他明显憎恨战争，战争是由不幸、毁灭与屠杀造就的，而伯里克利的帝国主义和极度的虚荣心不可避免地导致了战争。在雅典文化成就背后的是这样一个假定：雅典有权控制希腊世界。这不可避免地导致了其与斯巴达的斗争，而这场斗争的结局只能是斯巴达的毁灭或雅典的毁灭。正如伯里克利曾经说过的，希腊对这两者来说还不够大。伯罗奔尼撒战争要彻底解决的问题是，谁才是希腊的至高权力，这场战争起始于公元前431年，伯里克利的著名演说则发表于接下来的那一年。这次演说标志着伯里克利的影响力的顶峰。此后他的影响就每况愈下了。

公元前430年，雅典遭受了她有史以来最严重的一场瘟疫，几乎可以肯定它是这场战争的一个直接后果。数千人死亡。伯里克利自己的家庭遭到了蹂躏。这场瘟疫破坏了雅典的精神面貌。它可以被视为诸神的惩罚，因为他们为伯里克利的权力所忽视。他们的人道主义确实接近于许多人心中的无神论。伯里克利最喜爱的哲学家阿那克萨戈拉由于他的宇宙论与天体演化论而被视为不敬神的人。伯里克利的文化政治委员菲狄亚斯由于他在帕特农神庙的檐壁上描绘人的形象而受到指责。普罗泰戈拉的名言"人是万物的尺度"被认为是他不信神的明确宣言。这个政权的历史学家修昔底德以其否认诸神在伟大事件的进展中发挥过作用而闻名。在那场瘟疫将要结束时，公众的厌恶情绪将伯里克利赶下台。他因挪用公款受审并被罚款。在接下来的那个春天里，公众的意见再次发生了迅速的转变。伯里克利再次被选为**将军**，他试图重建他的地位。但他似乎已经为这场瘟疫的病菌所感染，这逐渐削弱了他的力量，而且还在那时让他骄傲的精神变得谦卑。伯里克利在被重新选为将军的6个月之后死于瘟疫，而人们说这就是一种惩罚。人们对他的随行人员进行了政治迫害。菲狄亚斯被指控在他建造雅典娜的巨大雕像时盗窃了公众的黄金。他被宣判无罪，但接下来被控告犯有不敬神的罪行并被关押到了监狱之中，后来在关押他的监狱中去世。普罗泰戈拉与阿那克萨戈拉也以类似的方式被追猎，那些敌人甚至告发了伯里克利的情妇阿斯帕西娅[1]（我对于这个女人还要做出更多的评述），尽管她成功地获得了无罪的宣判。到了公元前428年，那群以人类之名运营与装饰雅典的才华横溢的人道主义者已经分裂与消散了。

苏格拉底在这场瘟疫中存活了下来，他的朋友不无惊讶地注意到某些事情。当许多人逃离城市或留在他们的房屋之中时，苏格拉底继续像往常一样在街上散步并与所有人交谈，而不顾自己被传染上瘟疫的可能性。苏格拉底逃脱瘟疫的事实被认为体现了他在总体上健康的生活与运动习惯。他在那时已经是一个四十岁的中年男人，他通过他自己的方式而成为雅典的一位知名人士。现在是时候让我们转向苏格拉底的工作，特别是转向他践行哲学的诸多独特方法了。

---

[1] 阿斯帕西娅（Aspasia，约前470—前428），雅典的女性政治家，也是雅典著名政治家伯里克利的情人。由于古代男尊女卑，史书对其几乎没有任何记载，但当时她确实以美貌与智慧名动整个希腊半岛。阿斯帕西娅是希腊-罗马世界中最受认可的职业女性之一，也是公元前5世纪政治影响力最强的女性。善于鼓动人心的演说家伯里克利的演说稿，据说大部分都是出自他的这位聪颖过人的情人之手。——译者注

第四章　哲学天才苏格拉底

　　瘟疫的袭击与破坏、伯里克利之死、其政权的衰落与其文化规划的搁置、对其主要追随者的控告以及雅典普遍的萎靡不振，对苏格拉底产生了个人的影响。它们迫使他认真思考他在生活中发挥的作用。苏格拉底始终是一位思考者，他喜欢与雅典同胞进行谈话与争论。但他从未拥有过一个职业。他在那时开始觉得自己拥有一项使命。伯里克利的时代在许多方面都是值得钦佩的：它不仅促进了建筑学与建筑艺术、绘画与陶器制作、音乐与戏剧的发展，而且还促进了制造业、商业与实用技艺的发展，但它也失去了某些东西。它反复申明的口号是："人是万物的尺度"，它坚持主张，人类并非诸神的无助玩物，而是他们自身命运的主人，这或许很好。但人究竟指的是哪种人？伯里克利的时代热切期盼的是改进艺术与技术的各个方面，而且在很大程度上成功地做到了这一点。但对人的改善情况如何？对人的改善是可能的吗？倘若可能，那应当如何做到这一点？在苏格拉底看来，这些问题从未被追问过，而这些问题是应当被追问的。

这并非因为聪明而又深思熟虑的希腊人懒散。恰恰相反,他们每时每刻都在提出问题。但他们倾向于专注这个世界,以及在天上的遥远世界——不管它们究竟是什么。希腊人将之称为宇宙,围绕着宇宙如何运作而展开的探究被称为宇宙学,围绕着宇宙最初如何被创造而展开的探究则被称为天体演化论。作为一个年轻人,苏格拉底亲自参与了这样的追问。他继承了大量的知识,或者说正如他逐渐发现的,它们是一批伪知识。例如,在希腊的爱奥尼亚以东,特别是米利都,有一群睿智的探究者。这些探究者是泰勒斯(他活跃于公元前580年左右,早于苏格拉底一个世纪),泰勒斯的学生阿那克西曼德,以及**阿那克西曼德的**学生阿那克西美尼。泰勒斯有可能是一个希伯来人或闪米特人,他后来被亚里士多德称为物理科学的创建者。泰勒斯用埃及的土地测量方法发明了几何学的技术。据说,他预言了在哈里斯河战役期间发生的日食(公元前585年5月28日)。他是一个博学的人,他从闪米特世界所累积的智慧中得出了几段精确的知识,但他的猜想是怪异的。例如,他相信,磁石拥有灵魂;他认为,地球在水上漂浮。

阿那克西曼德撰写了论述宇宙的第一篇论文,这篇论文留存了下来,尽管仅仅是以片段的形式。他将宇宙设想为一个按照规律运行的统一体,而月亮与太阳则是以循环的方式运动。他是第一个绘制地图的人。他发明了用于天文学观察的日晷。就像达尔文一样,他相信人类与动物是进化而来的。他回答了以下这个问题:"倘若地球是由水来支撑的,那么又是什么东西来支撑水呢?"而他的解答是,这样的东西是不必要的,因为地球位于中心,它与一切事物的距离都相同,因而保持在张力之中:一切事物都处于冲突与张力之中,这就是普遍稳定性的原理,这个论证经常被描述为科学中的先天推理的第一个例证。阿那克西曼德意识到了事物的宏大规模,并引入了表示"无限"与"无穷"的术语。但他的追随者阿那克西美尼拒斥了那个与水有关的解释,并代之以与空气有关的解释,当空气变得密集时,它就变成了火、风或云,而空气也就易于遭受冷凝。另一个东方方人,以弗所的赫拉克利特扩展了这种张力的理论,他注意到,这恰恰是弓与琴运作的方式,它是这些早期的希腊哲人科学家能够做到的细致观察与敏锐推理的一个例证。对赫拉克利特来说,永恒的符号**逻各斯**(*logos*)表达了这种张力的理论。它也是先验的智慧与基本元素意义上的火。赫拉克利特拥有王室的血统,但他将王位给予了他的兄弟,因此他就能撰写他讨论**逻各斯**的**专著**。一段残篇表示:

> 神是日与夜、冬与夏、战争与和平、丰裕与饥馑,维持事物的所有对立。人类是愚蠢的受造物,他们必须让自己服从逻各斯或法律……民众必须为法律而战,就像他们必须为防御敌人的城墙而战一样,因为所有人类的法律都靠一种法律——神的法律来培养。

他还写道:"我们应当领悟的是,战争是常见的与自然的,恰如正义是斗争,一切事物都因斗争而发生,并必定如此。"赫拉克利特最有名的格言是:"你无法两次踏进同一条河流。"但这句话的意思是什么?在古代,他被称为"晦涩者赫拉克利特"。当欧里庇得斯将赫拉克利特的作品给予苏格拉底时,苏格拉底评论说:"我所理解的东西是绝妙的。我没有理解的东西或许也是优秀的。但要对之追根究底，或许就要我去做一次深海潜水。"

另一方面，某些希腊的预言家曾经居住在如今的意大利，他们后来被称为居住在西方的人。巴门尼德与芝诺生活于埃利亚，他们也被称为埃利亚学派。他们是系统辩论者，他们最先创造了那种重要的连续演绎推理，这种演绎推理如今仍然在学术界被人们运用。尤其是巴门尼德，他发明与磨炼了诸多哲学的工具，并反思了**存在**这个术语——可知的必定是存在的——可知的不可能是其他任何事物——所有这些都在六步格的诗集中表达出来，而这部诗集相当大的部分被保留下来。巴门尼德比苏格拉底早出生五十年到六十年。德谟克利特则是苏格拉底的同时代人，德谟克利特的理论是，宇宙是由无限小的、不可分的物质构成的，他将之称为"原子"，它们位置的改变导致了这个世界可见的复合物，我们的感官至少可以在一定程度上有效地辨认这些复合物。德谟克利特的工作是早期希腊人辨识部分真理（如张力和原子论）的典型方式，但与之相混合的是被我们视为荒谬的思辨观念。例如，德谟克利特认为，灵魂是由精致而又完整的原子构成的，它像肉体一样容易消亡。芝诺是一个杰出的辩论者，但他认为，完全可以说，不存在任何运动和多样性。

希腊人拥有一种以抽象的术语来审视具体物质的天赋——因此，他们精通几何学与他们关于宇宙的复杂理念，埃及人肯定否认自己拥有这些成就，甚至希伯来人就总体而言也会否认自己拥有这些成就。困难在于，希腊人既没有仪器，又没有从事经验研究的熟练技术。他们能够观察，但他们除偶然的情况之外并不做实验。毕达哥拉斯开始对数字进行系统研究，而在他完成的其他革新之中，他引入了10这个数字，到了适当的时候，他的工作就变得对科学具有不可估量的价值。但当苏格拉底作为一个年轻人探究科学知识的局限性时，正如他后来所说的，他无法看到进一步推进这些知识的任何方式。宇宙是沉默的。它可以被人们看到，但它无法说话。最重要的是，它无法回答问题。

  对苏格拉底来说，这就是反对致力于研究外部世界的重大理由。苏格拉底是伟大的追问大师，他最深刻的本能是提出问题。他内心的强烈冲动是提问，接下来则用回答来构成另一个问题。他在早年（最有可能的情况是他二十多岁的时候）就已经看到，科学或关于外部世界的探究，至少对他自己来说是无益的。但对人的内部世界的探究是他能做与想做的事情。他总是习惯于走在雅典的街道上，在集市中闲逛，在雅典城郊的公园与花园中锻炼，并始终在研究以下这些人的诸多活动：制革工人、金属加工工人、店主、卖水的人、商贩、推车小贩、抄写员（因为在苏格拉底的时代里，专业作家刚刚开始制作待售的卷轴）与货币兑换商。在比雷埃夫斯港或雅典周围的乡村散步时，苏格拉底观察过水手、农民、驯马师以及在葡萄园、橄榄园和牛奶场中的男女。所有这些人在他们的头脑中都拥有说话的能力，而苏格拉底逐渐发现，他们乐于运用这些说话的能力。因此他向他们提出问题，而他们做出回答。邻居与同事加入了这种对话。大量的证据表明苏格拉底是拥有魅力的。他与所有种类和所有阶层（从最低阶层到最高阶层）的人们都友好相处。他开玩笑。他发出笑声。他从未发怒。他是有礼貌的。他让自己对之提问与反诘的人们觉得这是重要的，而且他似乎发现他们的回答是有价值的。

一旦苏格拉底发现自己能够做这件事,他的理性就告诉他,这就是他一生的工作。一种内心的声音证实了这一点。人们曾经说过:"你似乎拥有与民众交谈并把握他们意见的天赋,苏格拉底。你应当代表官方参与公共生活。"但他内心的声音对此说不。根据苏格拉底的说法,它从未告诉他应当去做什么,而是断然告诉他不应当去做什么。它的建议强烈反对一种政治性的事业。"我内心的声音与我的理性,"苏格拉底说,"都一致反对参与政治事务。"苏格拉底关于自己工作的言论的某些片段流传到了我们这个时代。"我相信神命令我考察我自身与他人,并按照哲学的方式来生活。""通过预言、梦境与神明用来告诉任何人去做任何事的其他一切命令手段,神指示我去践行哲学。"对诸多有关物理现象的科学,苏格拉底的评论是:"我没有对它们出过力。"但哲学是理性的剧场,而"我是那样一种人,我无法被任何东西说服,除了在我推理时看起来最好的命题"。

并不是只有苏格拉底这个人在雅典践行各种哲学。远非如此。在那里有一大帮人在从事着这种智识教育,有些人出生于雅典,而另一些人则是流动的,后者来自大希腊[1]的各个地区,但他们倾向于在雅典安顿下来,因为雅典提供给他们的薪水更多,并且有更多出身高贵或富裕的年轻人来雇佣他们。这些老师被称为智术师。他们索要高昂的学费,某些人因此变得富有。他们教导各种技能,但

---

[1] 大希腊(Magna Graecia),公元前8世纪到公元前6世纪,古希腊人在安纳托利亚、北非以及南欧的意大利半岛南部建立的一系列殖民城邦的总称。——译者注

主要是修辞学或说服的技艺，这在法庭、议事厅或公民大会上都是有价值的。某些智术师比其他的智术师更为高尚，但作为一个阶层，他们并不受人欢迎。在这个世纪将要结束的时候，雅典的状况变得糟糕起来，人们就责怪智术师助长了鲁莽的年轻人参与公共生活，并为他们配备了诸多让他们能够吸引追随者的技巧，因而让这个城邦陷入困境。阿里斯托芬在他结识苏格拉底之前就在《云》中攻击了这些智术师，他在那时认为苏格拉底也是智术师之一，这是阿里斯托芬由于其他某些人而犯下的一个错误。但那些真正了解苏格拉底的人，特别是那些与苏格拉底论辩过的人，他们都意识到，苏格拉底不是任何意义上的智术师。首先，他从不索取费用。他甚至没有兴趣特别指导任何人去做任何事，他"在他的一生中从未做过公开的演说"。他对于自己不得不说的话分文不收，但不管怎样，因为他的绝大多数时间都花费在提问上，他无法轻易地被描述为导师或任何种类的教师。此外，他最不想要传授的就是智术师世俗智慧的基本惯用伎俩，即如何"发迹"。在他有意识教导的范围内，他所教授的是善良的美德。亚里士多德从柏拉图那里了解到与苏格拉底的工作相关的一切，他写道："苏格拉底自己全神贯注于伦理学，而根本不关注作为一个整体的自然。"

相比起教导上层阶级的年轻人如何控制公民大会，或如何说服雅典的投票者选举他们为**将军**，苏格拉底更喜欢和所有阶层与所有职业的人交谈。他曾经说过，"我是一个普遍主义者"，他的这种说法使用了一个刚刚进入通用状态的词语。西塞罗不仅读过柏拉图，而且他还可以获取许多我们如今已经遗失的作品，他比其他任何人都更好地为苏格拉底做出了总结。"苏格拉底，"西塞罗写道，

"第一个将哲学从天上召唤下来,让她立足于城镇,将她介绍到了民众的家中,并迫使她探究普通的生活、伦理规范、善与恶。"普鲁塔克对此补充说:"他是第一个证实了生命在所有的时间里,在每一个部分,在所有种类的人群中,在一切经验与活动中都对哲学开放的人。"当然,随着苏格拉底成为名人,大量的年轻人去追随苏格拉底。他被邀请参加讨论会或晚宴,而不可避免的是,会有富人前来出席晚宴。柏拉图在苏格拉底人生的最后十余年里结识了苏格拉底,苏格拉底在那时已经成为知名人士,大量富有的家庭都在追随苏格拉底,柏拉图倾向于过度强调苏格拉底人生的这个方面与这个阶段,恰如博斯韦尔[1]对约翰逊博士[2]所做的描述。在阅读柏拉图所记录的苏格拉底对话时,重要的是要记住,柏拉图的双亲家庭都是贵族,他并不共享苏格拉底那种相互忍让与不分阶级的民主精神。重要的是要想象苏格拉底与伊庇鲁斯的船长、城郊的蔬菜园经营者或雅典工坊的刀剑盾牌制造者的争论。

苏格拉底的整个一生都在雅典到处走动并与人们交谈,主要是向他们提出问题。他始终对诸多贸易、职业以及它们的运行方式感兴趣,尤其是对它们在所谓的过去和现在的商业秘密中的运行方

---

[1] 詹姆斯·博斯韦尔(James Boswell, 1740—1795),苏格兰传记作家,最有名的作品是《约翰逊传》和《赫布里底群岛之旅》,他被认为是现代传记写作形式的开创者。——译者注

[2] 塞缪尔·约翰逊(Samuel Johnson, 1709—1784),常被称为约翰逊博士,英国历史上最有名的文人之一,集文评家、诗人、散文家、传记家于一身。前半生名声不显,直到他花了九年时间独立编纂出的《约翰逊英语大词典》为他赢得了声誉及博士头衔。博斯韦尔后来为他写的传记《约翰逊传》记录了他后半生的言行,使他成为家喻户晓的人物。——译者注

式感兴趣。毫无疑问,他的问题总是以一个男人或一个女人的义务作为出发点,他仅仅是逐步走向那些关于信仰、道德与意见的更为复杂的问题。就像约翰逊博士一样,他对专家完成各种事情的方式极其感兴趣。他着迷于技艺。就像约翰逊博士一样,他积累了许多关于产品和工艺流程的信息。我们会将这称为知识,但苏格拉底不会这么做。他用**知识**来表达的意思是智慧或洞识,他总是否认自己拥有任何知识。他似乎觉得他对真正重要的事物一无所知。他的朋友克瑞丰(Chaerephon)在上门请教德尔菲的神谕时,提出了是否有人比苏格拉底更聪明的问题,来自神谕的回答是:"没有任何人比苏格拉底更聪明。"当苏格拉底被告知这一点时,他并没有感到高兴,而是感到困惑。他最终得出结论认为,这个神谕的意思是,他的智慧在于他知道自己的无知。包括智术师在内的其他并不比他拥有更多智慧的人不会承认这一点。这个神谕的判断所产生的效果是,激励苏格拉底继续他的探究与扩展他的探究,并以更加严肃与系统性的方式来从事这些研究。在《泰阿泰德篇》中,柏拉图让苏格拉底将自己比作助产士——这显然是从苏格拉底母亲的工作那里获得的想法。苏格拉底无法教导智慧,因为他没有任何智慧,他无法孕育智慧,就像他无法孕育小孩一样。但倘若其他某个人在他或她的内心拥有智慧,那么苏格拉底就能够通过他的追问来帮助他们孕育出在他们的头脑和心灵中已经拥有的真理。

柏拉图将这种追问称为**辩证法**,并亲自继续改进和发展了这种辩证法。通常使用的术语是**反诘法**(*elenchus*),这个词指的是律师在法庭上提出的追问,这是为了从一个或许不情愿提供信息,或更有可能的情况是,甚至不知道自己拥有信息的证人那里提取出信息。苏格拉底在这个过程中所采纳的方法是反讽,这是他发明而且还加以推广的一种模式。反讽是最难以定义的术语之一,但反讽本身几乎就是先进文明的评判尺度:公元前5世纪中叶雅典最著名的人物之一惯于使用反讽,这个事实表明了希腊人在那个精致而又巧妙的高度文化修养方向上走得有多远。《牛津英语词典》将反讽定义为"一种说话的修辞手段,其中有意表达的意义对立于用话语表达的意义;它通常采纳的是那种挖苦或嘲笑的形式,在这些形式中的赞美表述被用来暗示谴责或蔑视"。这是一种直接的尝试,但它实际上不如约翰逊博士的《英语大词典》的定义那么清晰与简洁:"一种其意义对立于话语的说话模式。"约翰逊博士追随的是昆体良[1],他是公元1世纪罗马著名的修辞学教师:"一种说话的修辞手段,其中有待**理解**的某些东西对立于**说出来**的东西。"昆体良仅仅将苏格拉底这个人援引为这种技艺的大师。麦考利[2]在他论述培根的论文中建议,为了目睹反讽,你就应当去聆听伦敦的一次交通堵塞中发生的侮辱性口角:"一个马车夫在激动的情绪中大声说出'你真是一个大好人',不用怀疑,他正在说的就是反讽。"与反讽有关的一个有趣事实是,它经常被那些不知道他们拥有这项技能的

---

1 马库斯·法比尤斯·昆体良(Marcus Fabius Quintilian,约35—100),罗马帝国西班牙行省的雄辩家、修辞家、教育家、拉丁语作家。公元69年至88年教授修辞学,成为罗马第一名领受国家薪俸的修辞学教授,并且是著名的法庭辩护人。他的著作在文艺复兴时期被广泛援引,他的教育思想受到15世纪至16世纪人文主义者的重视,并对现代主张全面发展的教育观产生了极大的影响。——译者注
2 托马斯·巴宾顿·麦考利(Thomas Babington Macaulay,1800—1859),第一代麦考利男爵,英国诗人、历史学家、辉格党政治家,曾担任军务大臣和财政部主计长。——译者注

缺乏教养的人本能地加以使用。不幸的是，这并不一定意味着，当其他人使用反讽时，他们会辨认出反讽。伟大的激进政治家安奈林·贝文[1]曾经对我说过："永远不要在政治中运用反讽。每当我使用反讽时，这都让我陷入困境。你的大量听众总是按照字面的意思来理解你。"他补充说："无论你的反讽有多么强烈，无论你的反讽对你有多么显而易见，这都不会造成什么差别。你的反讽对你的听众并没有那么显而易见。"

这是一个苏格拉底或许应该很好地加以注意的告诫，因为反讽在对苏格拉底的最终起诉与定罪中是一个关键因素。不过当然，他或许不会理睬这样的告诫。无论是在公开的场合还是在私下的场合，反讽与他的智识个性都是不可分离的。在不经常求助于反讽的情况下，他就无法作为一个能言善道的人而发挥作用。在苏格拉底的那种情况下，反讽最常见的形式是说："我是一个无知的人。我一无所知。那就是我提出如此多问题的原因。"这是一种解除武装的策略，无论他陪伴的是聪明的年轻贵族，还是雅典的工匠，他都会这么说。他们或许察觉到了讽刺的成分，但他们永远不知道有多少这样的讽刺，无论如何，他们将这种反讽理解为一种恭维。它是一种让他们开口说话的有把握的方式。然而，虽然这种策略对某些人是有效的，但对其他人则失败了。后者并没有按照字面意思来理解苏格拉底。相反，他们认为苏格拉底故意在进行欺骗。他们将这种对反讽的运用视为低级的诡计。难以理解的是，阿里斯托芬自己

1　安奈林·贝文（Aneurin Bevan, 1897—1960），英国政治家，左翼工党在国会的领袖。——译者注

也运用过反讽，但他不知道是苏格拉底开始了这个游戏，在他遇到苏格拉底之前撰写的《云》中，除了说谎，他从未表明苏格拉底运用过反讽，柏拉图在《理想国》中展现了智术师色拉叙马霍斯因为苏格拉底的"习惯性伪装"而对苏格拉底发起的猛烈攻击。他将苏格拉底的反讽视为一种精巧的掩护，认为它遮掩了苏格拉底真正不同寻常的无知或困惑，掩盖了苏格拉底没有能力对完全恰当的问题给出真诚的解答。这种反讽有时也被指责为对谦恭的嘲弄。因此在柏拉图的对话录《高尔吉亚篇》中，苏格拉底与卡利克勒斯（Callicles）发生了这样一次口角。**苏格拉底**："既然你用'更好'想要表达的意思并不是'更强'，那么请再次告诉我你所表达的意思是什么。你这个令人钦佩的人，请你更加温和地教导我，以便于让我不会放弃你的学派。"**卡利克勒斯**："你是在嘲笑我。"

某些人发现苏格拉底反讽的腔调令人费解，这仅仅是因为它是苏格拉底在表面上轻松愉快的方法的一部分，而相当直接的玩笑与嬉戏在这种方法中发挥着某种作用。阿尔西比亚德提到苏格拉底"永不休止地挖苦与嘲弄"。在这里有一种区别，但同样也有一种混淆。苏格拉底似乎觉得，伯里克利的雅典所缺失的另一种要素是幽默感。更确切地说，尽管三巨头的悲剧与阿里斯托芬（和其他人）的喜剧呈现出了人类困境的两个方面，但这种区分太正规与太绝对，就好像狄奥尼索斯剧场的主办人对观众说，"今天我们要让你们哭泣"，或"今天我们要让你们放声大笑"。然而，苏格拉底觉得观众需要的是那种以灵巧而又几乎不可察觉的方式从严肃的事情悄悄转向发笑的事情，并再次返回严肃事务的能力，而他就拥有这样的能力，这种能力就是见多识广的交流的本质。

苏格拉底所使用的幽默被简·奥斯汀的《傲慢与偏见》中的伊丽莎白·贝内特完美地诠释:"我希望我从未嘲笑过聪明的行为或善良的行为。愚蠢和无聊,心血来潮和反复无常,这些的确让我觉得好笑,我只要有机会,总是对之加以嘲笑。"苏格拉底恰恰说过几乎相同的意思。他坚持认为:"我从未嘲笑过神圣的事物。"但"整个凡人的世界"就是可以攻击的对象。他在没有喧闹地改变节奏的情况下从一种语气转换到了另一种语气。把握与赏识苏格拉底方法的最佳途径是阅读已经传承给我们的诸多文本,特别是柏拉图所记录的苏格拉底获得胜利的对话。它们无法为我们带来聆听苏格拉底声音(他的声音具有悦耳的旋律,它在本质上是谦恭有礼的、具有耐心的、敏感的与镇定的)的乐趣,但它们在某种程度上表明了苏格拉底的心智是如何运作的,特别是表明了它如何将轻快的灵活性与高度的严肃性结合起来。

苏格拉底重视语词,他试图灌输的第一件事就是需要谨慎地运用它们。这意味着对它们下定义。亚里士多德说过,苏格拉底是第一个强调定义的人。苏格拉底喜欢做的一件事是拿出一个主题——爱、虔诚、友谊、理性等——并请求某个人开始对之下定义。他在《拉凯斯篇》中就是像这样来论述勇气的。拉凯斯认为这是一件轻易就可以做到的事情。"倘若任何人坚守他的位置,直面敌人,亲自捍卫阵地而没有逃跑,他就是勇敢无畏的。"苏格拉底表示同意,但他接下来问道:"那么斯基泰人的情况怎么样?他们逃跑时就像他们追击时一样进行激烈的战斗。""对,但那是骑兵。我谈论的是希腊的重装步兵,他们就像我所说的那么做,而且他们是勇敢的。""除了斯巴达人。在普拉蒂亚战役中,他们不愿留在阵地与波斯人战斗，而是逃跑了。接下来，当波斯人打乱队形时，斯巴达人则集结起来像骑兵一样作战，并且以这种方式赢得了这次战役。""这件事是真实的。""当然，"苏格拉底说，"你并没有正确地做出回答，因为我没有正确地提出问题。我应当在更广泛的范围内提出问题，我的问题不仅仅关于战斗中的士兵，而且还关于在海上和风暴中的水手，以及那些在疾病、贫困与政治事务中对抗痛苦或恐惧，表现坚毅的人——拉凯斯，在这些状况下肯定有某些人是勇敢的吧？""肯定是这样的。""接下来请再次尝试告诉我，勇气究竟是什么？所有这些人的共同点是什么？"如此等等。苏格拉底帮助拉凯斯的方式是，定义赛跑、演奏竖琴、演讲与学习所共同拥有的敏捷的性质。拉凯斯最后试图将勇气定义为"灵魂的忍耐"。但苏格拉底与拉凯斯都同意，并非每一种忍耐都涉及勇气。在苏格拉底的鼓励下，拉凯斯还说，与谨慎的、令人钦佩的和美好的东西共同存在的忍耐"更有可能是勇敢的一种形式。但倘若勇敢与愚蠢一起存在，那么情况又会怎么样？这难道不是有害的作恶吗？尽管勇敢看来似乎是令人钦佩的，但勇敢有可能与愚蠢共存吗？你刚刚不是说过，只有谨慎的勇敢才能真正令人钦佩吗"。这个对话继续进行，讨论的主题包括医学与肺炎的治疗、为了决定何时交战而对敌人数量所做的评估、比较骑兵战斗中精通骑术者与不精通骑术者的勇气、勇气的运用与滥用、追随一个论证（如当下的这个论证）

所需要的那种勇敢。苏格拉底接下来将尼西阿斯[1]引入了这场对话,他将勇敢定义为"一种在战争中或在其他所有事情上与恐惧和胆量有关的科学"。拉凯斯说:"他说的话真是荒唐……他这是在和我们开玩笑。"苏格拉底说:"那么让我们来开导他,而不是去辱骂他。"于是他们回归医学的主题,接下来则讨论农业、垂死的恐惧、预言以及许多其他的主题。这个讨论在没有得出结论或产生怨恨的情况下结束,他们都同意在第二天清晨会面。

《拉凯斯篇》是一篇独特的早期对话录,在其中负责并驱动整个对话的是苏格拉底,而不是柏拉图。当你试图压缩与概括这篇作品时,你就会意识到,按照整体的方式来理解这篇对话录有多么困难——以一种通俗易懂的方式来描述这种讨论,或许要花费许多个小时甚至数天时间,讨论者经常会发生混淆,他们在突然转变话题时会转向不相关的或有时没有意义的主题,所有这一切都在没有录音装置的情况下,或最有可能的是,在没有获得秘书工作的帮助的情况下进行的。我们必须假定,柏拉图缩短了许多交流,理性化、清晰化与尖锐化了包括苏格拉底在内的众多讨论者的发言。让人惊叹的是,柏拉图仍然作为一个明确的角色在这些早期的讨论中出现,他牢牢把握这些讨论的目的是可以理解的。柏拉图是一位伟大的艺术家,他在自己生涯的这个阶段仍然是一位追求真实性的艺术家。

---

[1] 尼西阿斯(Nicias,前470—前413),伯罗奔尼撒战争期间雅典的一位政治家和将军,威名远播。公元前421年,他代表雅典与斯巴达达成十年和约,史称《尼西阿斯和约》。公元前413年,在民意压力下带领军队远征西西里,其军队全军覆灭,尼西阿斯战败成为俘虏后被叙拉古政府处死。——译者注

那么，苏格拉底的目的是什么呢？应当对之做出这样的理解：自从苏格拉底的那个时代以来，就存在着两类根本不同的哲学家，而在未来有可能仍然是这种情况。第一类哲学家告诉你思考**什么**；第二类哲学家告诉你**如何**思考。苏格拉底明显属于第二类哲学家，尽管（正如我们已经看到，而且还将再次看到的）他也拥有自己的主张。苏格拉底感兴趣的是人，而不是观念，他强烈地渴望发现民众是如何思考的，以及他们能否被鼓励以更为清晰与更为有效的方式来进行思考。苏格拉底对他的主题所使用的反诘法无数次证明了他所胜任的工作是什么。他想要表明，对于几乎任何主题来说，尤其是他处理的重大主题，如公正、友谊、勇气、作为一个整体的美德，被广为接受的意见不仅几乎总是有缺陷的，而且经常是完全错误的。苏格拉底提出一个简单的问题，获得常见的回答，他接下来则继续表明，通过进一步运用出自大量职业、人文历史与自然历史以及文学的问题，那些常见的回答不仅无法符合在这些问题中隐含的可能性，而且还与最高水准的分析理性相抵触，甚至与最低水准的常识相抵触。苏格拉底始终怀疑显而易见的事物，他几乎总是能表明显而易见的事物是不真实的，真理很少是显而易见的。他表明这一点的方式就是这种讨论的实质内容，这为讨论赋予了令人振奋的活力。得出一个结论并不是这种讨论的目标。相反，这种讨论的目标是，教导与苏格拉底交谈的那些人如何思考，尤其是如何为了他们自己思考。

因此，每一场讨论都包含了一个教训，而潜在的假设是，只有当苏格拉底与之交谈的年轻人（或其他人）在没有苏格拉底在身边引导他们、劝诱他们、困扰他们、恐吓他们与指导他们的情况下，仍然能以同样的方式将习得的教训适用于其他主题时，他们才学到了这些教训。苏格拉底特别具有解放作用，他并非仅仅反对"正确的答案"，而且还反对"只存在一个正确答案"这样的观念，这不仅在公元前5世纪具有重大的意义，而且在今日也有重大的意义。他一定会尤其反对现代的体制，它运用的是各种官僚主义的填表形式，并在教育制度的所有层面上都越来越多地增加考卷的数量，这些考卷不是要求人们对一个问题给出**他们的**解答，而是考察各种解答并挑选出一个**正确的**答案。这种对个人独立思想的否定，恰恰就是苏格拉底花费了他的一生来加以抵制的那种心态。当然，通过教导民众，特别是通过教导要凭借自身的力量来思考的年轻人（他们经常来自拥有影响力的家庭），苏格拉底走上了一条危险的道路。雅典（在大多数的时候）拥有勉强称得上民主的制度，它是一个自由的社会（它肯定是开明的）。但它的制度依赖于共识，这种制度在某种程度上是不稳定的，特别是当共识不是现成的时候。通过修辞术来让公民大会发生动摇是一回事，对此可以做出补救。但倘若每个公民都凭借自己的力量来思考，都由于教导而不信任公认的智慧，甚至拒斥"诸多问题只拥有一个正确答案"这样的观念，那么获得共识，尤其是获得正确的共识，即便并非不可能做到，那也会被证明是难以实现的。在我看来，这就是一个应当予以考虑的有力因素，它导致了苏格拉底在年轻人中间的活动遭受批评，并在危机时期导致了对苏格拉底的控告、定罪与苏格拉底的死亡。

但我们将在后文中触及以上这些内容。现在值得注意的是，甚至在早期的对话录中，当柏拉图创造那个符合历史真实情况的苏格拉底并准确地记录他所说话语的时候,在柏拉图的心中激起的想法是,让聪明的年轻人变得在智识上独立的教导是有危险的。甚至在柏拉图聆听苏格拉底的交谈或首次将这些谈话记录下来的时候,柏拉图在自己的心中或许已经激起了他的**理想国**的观念,这个乌托邦可以免除这种威胁,因为卫士的有力共识保护了这个乌托邦,避免了这种鲁莽而又冲动的思考。

毫无疑问,我们可以绝对确定,苏格拉底不仅不会喜欢,而且还会反对柏拉图想要将之变成现实的那种共和国。事实上,这两个人几乎在每个方面都是相当不同的,历史的一大奇异现象恰恰是他们会聚到一起,一个人创立了真正哲学的开端,另一个人记录了真正哲学的开端。柏拉图在年轻时将苏格拉底当作英雄来崇拜;而在柏拉图的成熟时期,他拒绝接受苏格拉底,但他没有对大意的读者显示出他在这么做,或许柏拉图恰恰也不知道自己正在拒斥苏格拉底。苏格拉底首先是一个保守的激进主义者,而柏拉图是一个激进的保守主义者。苏格拉底对任何能够跨越各种逻辑证明(这些逻辑证明构成了他心中的跑道)障碍的观念都持有开放的态度。他的保守性在于他尊重关于诸神、英雄以及被公众珍爱的其他人的古老习俗,因为他并不希望通过愚蠢地摧毁无关紧要的神话,而使普通民众对必不可少的真理失去兴趣。他是一个保守的激进主义者,这恰恰是由于他是一个有节制的、和蔼的、敏感的与慷慨大度的人。另一方面,柏拉图则倾向于将来自普通民众的经验智慧的保守的自然本能转变为一种明确的意识形态,他不可避免地从仁爱的传统主义走向了绝对主义的教条。难怪波普尔会在他的《开放社会及其敌人》中将柏拉图认定为20世纪集权主义国家的首要先驱,即便这个论证容易遭到严肃的反驳。我怀疑，倘若苏格拉底能够读到《理想国》并评估它在整个20世纪中的影响，他或许会比波普尔更加严厉。

在苏格拉底与柏拉图之间存在一种不断扩大的分歧，这是哲学史上的一个最显而易见的事实。在柏拉图的全部作品中这种分歧是在何时发生，有哪些对话可以被描述为苏格拉底的或主要是苏格拉底的，有哪些对话可以被描述为主要是柏拉图的或完全是柏拉图的，这恰恰是数代学者为之争论的问题。我更喜欢用一种粗线条的方式对苏格拉底的思想与柏拉图的思想进行一种大致的对比，接下来则建议读者研究这些对话，并由他或她自己来做出决定。我认为，这或许就是苏格拉底的进路。

既然如此，那么就可以这么说：苏格拉底是一个明智的、注重实际的、脚踏实地的人，他对效用感兴趣，而不是对完美感兴趣，他倾向于顾及人性的无限多样性。他不是一个诗人，而是一个口语意义上的散文大师。柏拉图是一个诗人。更糟糕的是，他是一个失意的诗人。他在某些方面是一个幻想的、神秘的超验论者。他相信灵魂的轮回转生。他认为灵魂就是先天知识的贮藏库，而先天知识是可以被重新发现的。他相信对立于个别物体的超验形式。苏格拉底并不相信任何这样的概念。

在我看来，研究苏格拉底的伟大学者格雷戈里·弗拉斯托（Gregory Vlastos）撰写了一本论述这个主题的最佳论著《苏格拉底：反讽主义者与道德哲学家》（剑桥，1997年再版），他罗列了真实的苏格拉底不同于在柏拉图的作品中越来越多出现的那个被称为"苏格拉底"的人为产物的十个关键方面。第一，苏格拉底完全是一个道德哲学家。第二，苏格拉底根本就不相信"形式"或"对知识的回忆"。第三，苏格拉底坚持认为他并不拥有任何知识或智慧，而且他以兼收并蓄的方式来持续追求它。第四，苏格拉底并不持有那种将灵魂分为理性、激情与欲望这三部分的复杂概念。苏格拉底对灵魂采纳的是一种简单的见解，他将之视为不朽的与统一的，基督徒共享了苏格拉底的这个见解。第五，苏格拉底对数学不感兴趣，除了在数学明显必不可少的领域，如土地测量，他既不拥有关于任何科学的专业知识，也没有主张自己拥有关于任何科学的专业知识。第六，他持有的是平民主义的哲学观。第七，他本身并不持有政治理论。他经常批评雅典的运行方式与雅典的做事方式，但相较于任何其他的国家，苏格拉底更喜爱雅典与雅典的法律。第八，他拒绝同性之爱，除非是那种并不深入的同性之爱。第九，苏格拉底将虔诚视为对严格合乎道德的神的服务，他个人信奉的宗教是注重实际的，是在行动中有所表现的。最后，他的哲学方法是通过反驳他诱使对话者提出的命题来寻求真理：苏格拉底从未背离过这种策略，当他的表现背离这种策略时，他就不是苏格拉底，而是一个被我称为"柏拉图的苏格拉底"（Platsoc）的合成产物。

另一方面，在柏拉图撰写对话录与其他作品的过程中，苏格拉底这个人逐渐为柏拉图的苏格拉底或作为口技表演者的玩偶的苏格拉底所取代，但这个事实不应当阻碍读者产生那种通过对柏拉图整个文集的阅读来解读苏格拉底真实思想的兴趣。苏格拉底与柏拉图在许多地方以无法摆脱对方的方式彼此交融在一起。例如，在《高尔吉亚篇》（这篇对话录是以一个来自西西里岛的莱昂蒂尼的著名智术师的名字命名的）的对话中，苏格拉底要求高尔吉亚对他专门教导的修辞学加以定义。高尔吉亚提出的一个声名狼藉的说法是，一个训练有素的修辞学家或法定辩护人能够找到貌似有理的论证来支持法律或政治上的任何案件，不管这种论证有多么薄弱。高尔吉亚自己教导学生说话应当简短，措辞应当尽量对称，应当用那种有规律搏动的节奏来平衡论题与反题，应当运用双关语并在抗辩的过程中获得可以听到的回响。简而言之，高尔吉亚所做的演说有时候听起来就像一段音乐。高尔吉亚对他的技能极为骄傲，他所拥有的某些风格与自负的态度，可以使我们联想到今日极其成功而又有天赋的广告销售经理。他回答苏格拉底的方式是声称修辞学是人类的关键活动之一，因为一个成功的平民领袖或政治家的本质与其说是具有知道应当去做什么的知识，不如说是具有说服民众去做什么的能力。你可以根据他让民众去做某些甚至明显是不公正的事情的才能来辨别一流的演说家。然后高尔吉亚就退场了，为他的学生波卢斯（Polus）所取代，苏格拉底接下来则运用他的反诘法技术来让波卢斯同意了一个高尔吉亚肯定会加以拒斥的主张：自己遭受不公正要比让他人承受不公正更好，倘若一个人做了一件邪恶的事情，那么对你自己、对其他任何人与对社会来说，最好是接受惩罚，而不是不受惩罚。这不是那个玩偶，而是真正的苏格拉底。事实上，这是典型的苏格拉底。

波卢斯在论证中被说服否认了他的老师的毕生事业，接下来他为一个名叫卡利克勒斯的人所取代，他根据高尔吉亚的非道德主义创造出了一个变种。他说，对于那些拥有技能与意志来践行美德的人来说，美德与幸福在本质上都可以在自我意志中找到，无论其所意愿的是公正的还是不公正的，情况都是如此。卡利克勒斯所表达的这个学说就是后来被尼采有力提出的学说，尼采着迷于苏格拉底的这些对话——特别是由柏拉图统领的那些对话——关于这些对话，他说出了诸多富有启发的东西。苏格拉底实际上并没有否认这个反常的主张，而是专注于在卡利克勒斯选择行动的人生与他自己选择哲学的人生之间做出区分，苏格拉底不可避免地更青睐于后者："未经审验的人生是不值得过的。"最后这个评论在本质上也是属于苏格拉底的，它以诸多不同的方式出现于他的其他对话中。但除此之外，苏格拉底逐渐消失并变成了柏拉图的苏格拉底。他将哲学与伯里克利、米提亚德和客蒙的活动进行了比较，并激烈指责了这些人，这种做法与苏格拉底是不相容的。真正的哲学家鼓励雅典的公民成为拥有美德的人，而不是引领他们走向胜利与征服，通过这种方式，真正的哲学家为雅典的公民做出了更多的贡献，这个潜在的主张或许属于苏格拉底，但论证这个论点的语境与注入这个论点的激情不仅是令人厌恶的，而且也不属于苏格拉底：它们也是属于柏拉图的苏格拉底。此外，这个对话是通过关于死后受审判的灵魂的神话描述来结束自身的，而这显然是柏拉图自己在说话。

因此，《高尔吉亚篇》表明，从那个为柏拉图以令人困惑的方式嵌入的东西（我们无法判断，柏拉图是故意这么做的，还是在自己强大精神不可抵制的推动下这么做的）所纠缠的迷宫中提取出真正属于苏格拉底的观点，这存在着巨大的问题。这很像如今的民主国家开战时媒体所发生的情况。实际上它们运用的是相同的话语。记者被"嵌入"现役部队，他们向他们的电视台与报纸传输的是一种结合了他们自己的观点与观察所得的混合体，有时则是一种令人困惑与相互矛盾的混合体，而这是他们的军事指导员或监护者希望他们传达的内容。不过倘若他们被施加的压力太大,他们至少还可以提出抗议,即便这种做法意味着他们将被遣送回家。苏格拉底是柏拉图的嵌入活动(这种活动还经常需要运用类似普洛克路斯忒斯之床[1]的做法)的无辜受害者,而且当然,苏格拉底永远不会知道,他的这位才华横溢的学生在他死后是如何利用他的。

尽管如此,苏格拉底这个真实的人明确地思考过某些重要的问题,而我们能够清楚地呈现这些思想。我们已经看到了苏格拉底是如何教导的。现在我们必须审视的与其说是他教授的东西,不如说是他相信的东西——因为苏格拉底并不持有任何体系,而且严格地说,他没有以教条的方式教授过任何事物。

---

1 普洛克路斯忒斯之床,出自古希腊神话,普洛克路斯忒斯是古希腊神话中的一个强盗,他开设黑店,拦截过路行人。他特意设置了两张铁床,一长一短,强迫旅客躺在铁床上,身矮者睡长床,强拉躯体使之与床齐;身高者睡短床,他用利斧把旅客伸出来的腿脚截短。按其形象意义,普洛克路斯忒斯之床就相当于削足适履,强求一律的意思。——译者注

第五章　苏格拉底与公正

当伟大的经济学家约翰·梅纳德·凯恩斯被问及"是什么造就了成功的资本家"时,他的回答是:"主要是动物的精神。"这个评论也适用于苏格拉底。在他周围有一种心智的气势或活力,一种欢快、活泼与才思敏捷的力量。某种生气勃勃的力量或精力似乎在他那里流入和流出。"动物的精神"并不表示我们可以在过于活跃的孩子那里找到的那种喧闹的不负责任。相反,它意味着一种生命的激情与一种通过刺激他接触到的那些人的心智来表达生命的愿望。在某些特定的环境下,这种激情有可能变得令人畏惧。我完全可以相信,苏格拉底身披重装步兵的盔甲,手执他的武器,跨越战场的形象,让斯巴达人精明地下决心完全不理睬他:他们感受到了一种他们确实没有的战斗激情。苏格拉底将他自己比作一只牛虻,叮蜇着雅典城邦这匹身形魁伟的马(这是一匹拉货车的老马或一匹伤痕累累的战马),让它摆脱自鸣得意的状态或昏昏沉沉的惰性状态。

这种激情在对话中也可能是令人生畏的。他的一个年轻朋友阿尔西比亚德，将他比作一条电鳐，它的叮蜇会引起一种麻木的无助感。但这个评论的危险是，它或许给出了一种错误的印象。苏格拉底恰恰并不在论证中**叮咬**；他几乎很少呵斥。他践行的哲学可被定义为"对未经反思的想法中出现的诸多命题的反思"。他的这个说法值得重复："未经审验的人生是不值得过的。"但他的审验或反诘是谦恭的，甚至是亲切和蔼的。一个人或许在事后会认为，他在与苏格拉底的对话中让自己出丑，但他不太可能觉得他自己被蓄意引导到了愚蠢的言行之中。苏格拉底显然喜爱民众，无论如何都喜爱民众中的绝大多数人。

苏格拉底的博爱或对他的同胞之爱，相当不同于伯里克利与他的伙伴的自觉的人道主义。苏格拉底的博爱没有任何无神论的意味。苏格拉底实在太清楚人类的弱点与缺陷，以至于他认为，人类永远无法让他们自身来取代神。苏格拉底是信神的。恰恰是由于他相信神，他才将他的生命奉献给了哲学，对他来说，哲学就是人类想要完成诸多神圣目的的愿望。他相信，他接收到了一个命令让他去这么做，通过在雅典周围漫步，与民众交谈——"考察他们"——并考察自身，苏格拉底按照神所告诉他的方式来行动。当苏格拉底后来遭受控告时，他被控诉的罪名并不是无神论，而是"不相信雅典人所信仰的诸神"。这个控诉的某个组成部分或许是真实的。苏格拉底并不相信希腊宗教的传统诸神，这些神明专门从事特定的服务，并过着一种混乱的生活，这与其说是严肃的宗教，不如说是神话的虚构。当苏格拉底处于他最虔诚的状态时，他始终提到的是"神"或"那个神"，而不是"诸神"。他是一神论者。

当然，苏格拉底作为一个有礼节的与善解人意的人，他始终尊重常人（或就此而言的精英）的迷信。他并不希望去冒犯他们。他经常使用民众宗教的习惯用语。他最后说出的那句名言"我们欠阿斯克勒庇俄斯[1]一只公鸡"就是这样的一个例证。作为一个注重实际的人与经验主义者，苏格拉底认为，民众的宗教在最糟糕的情况下也是无害的，在最好的情况下是一种让社会变得平静与有序的因素。它还是对那些过着艰辛并经常是残酷的私人生活的民众的一种慰藉。苏格拉底绝不是理查德·道金斯，后者打着洋洋得意的理性名义，渴望祛除芸芸众生的错误幻想。但苏格拉底在一切事物中都是温和节制的，他总是知道在什么时候划定界线。他没有像伯里克利那样走得那么远，后者在公共事务中公开摈弃了迷信。不过，作为一个战士，苏格拉底相信，占卜者与预言家应当置身于军事决策之外。他的一个朋友是将军尼西阿斯，他应当在公元前413年8月27日将他的军队撤离锡拉库扎平原。按照修昔底德的叙述，他由于月食而相信应当在必要的仪式日停留在平原，因此失去了一切。苏格拉底在论述勇气这个主题的《拉凯斯篇》对话录中称赞了尼西阿斯的勇气。但苏格拉底在其中也说过，占卜者必须服从将军，而不是反过来让将军服从占卜者。苏格拉底会建议尼西阿斯尽快撤退，以拯救他的军队。

尽管如此，宗教在公共事务中的作用并不是苏格拉底的主要关切。他寻求的是帮助单独的男人与女人在道德上变得更好的方法。这就是神给予他的终生使命，正如他真诚乃至热情地信奉的

---

[1] 阿斯克勒庇俄斯（Asclepius），古希腊宗教与神话中的医学之神，太阳神阿波罗和塞萨利公主科洛尼斯之子。——译者注

那样。他似乎觉得自己通过某些途径与神亲近。神通过一个**守护神**（*daemon*）或内心的声音与他交流，这个声音告诉他不要去做某些不明智的事情，如成为一个政治家。但倘若苏格拉底本质上是一个一神论者，对一个人格神有强烈的感觉，那么我认为，他就像希伯来人那样并不相信神是全能的。希腊人总的来说对神的力量施加了诸多限制。对他们来说，诸神与人之间的差距通常是有限的，而且可以通过比方说将人神化来加以跨越。他们的人类英雄经常像诸神那样行动，他们的诸神则像凡人那样行动，会表现出嫉妒、残暴与其他基本的情感。苏格拉底并不接受任何这样的荒谬想法。他所持有的是一个后来被莱布尼茨称为"神正论"的审慎学说，这是对神的诸多品质，特别是对与邪恶的存在有关的公正与神圣的一种辩护。他觉得不难试图"为神对待人类的方式进行辩护"。但他通过拒斥神的全能概念来做出这样的辩护。在《理想国》（就总体而言，在这个文本中并不是真正的苏格拉底在说话，但我认为，在这段特定的文字中，确实是真正的苏格拉底在说话）的第二卷中，苏格拉底评论道："因此，神不可能是导致万物的原因，而仅仅是导致美好事物的原因。他并非导致邪恶事物的原因。"在说出这个观点的过程中，苏格拉底拒斥了希腊人的心智所尊敬的许多事件与可能性。此外他还拒斥了比方说类似《约伯记》所描述的那种戏剧，他会发现这个文本拥有最大的吸引力，但最终是不合情理的。不过，没有任何迹象表明，苏格拉底有某种二元论或摩尼教的信仰。他让恶的问题处于悬而未决的状态，并让自己专注于善的问题。

　　苏格拉底花费了大量的时间来思考美好善良的生活以及如何获得美好善良的生活。因为他相信，只有通过努力度过一种美好善良的生活，人类才会在他们的生存中获得一定程度的满足并在永恒中获得幸福，这是他的信仰的核心所在。他对肉体与灵魂以及它们的关系持有一种简单的见解。肉体是积极的、物质的，是一个人在尘世所展现的面貌，它终有一死。灵魂是精神的面貌，它是不死的。肉体渴求享受与物质上的满足，它是自私的，倘若它没有被保持在受控的状态之下，它就会成为不道德行为发生的场所。灵魂是一个人理智的与道德的那一面，它拥有一种做正确的事情与改善自身的自然倾向。经过恰当的训练，它就可能成为美德置身其中的场所。一个人最重要的日常事务是，克制他的肉体本能并训练他自己对灵魂的教诲做出回应。这种训练所采纳的形式是分辨、理解和学习与美德有关的事物，并将这种知识应用于日常生活的诸多处境之中。因此，知识、美德与智慧是密切关联的，探索这些关系是苏格拉底"考察"他自己与其他人的目标。

在他的私人生活中，苏格拉底做了他所能做的一切来克制他在肉体上的渴求。他有所节制地饮食与喝酒，即便他为了友谊而参加晚宴时也是如此。他拒绝从事类似智术师那样赚钱的职业，因此将他的需求始终保持在最低水准。他没有任何鞋子。他的衣服很少。他满足于简单的居所。他谢绝了其他人给予他的可在其上建造房屋的永远保有的地产。他拥有的现金很少甚至根本就没有现金，尽管他乐于看到雅典书籍销售行业的崛起，并且会告诉你在那里可以以便宜的价格买到新的手抄本。在他真正有需求的时候，始终会有朋友帮助他，即便这种情况很少见。"我没有那些东西也能行。""我真正想要的东西如此稀少。"重要的事情是保持健康与良好的状态。一个没有钱的病人注定是一个负担。但他从未生病，当他在70岁去世时也处于完美的健康状态。由于苏格拉底让他的肉体处于控制之下，而每个人都证实了这一点，苏格拉底就可以凭借追求美德来培养他的灵魂。据说，他曾经评论道："我从来也不会故意地去伤害任何人，或故意地去违背神明。"这听起来就像是在吹嘘，而苏格拉底是一个最不可能去吹嘘的人。几乎可以肯定他的这个评论是真实的。

同样真实的是，苏格拉底关于肉体、灵魂以及它们的关系的见解最终成为一种标准的见解。在苏格拉底的那个时代之前，**灵魂**（*psyche*）这个词就已经存在，事实上，这个词或许已经被使用了一千年之久，但它意味着某种相当不同的与模糊的东西。在荷马那里，灵魂相当类似于幽灵，倘若我们试图接触它们，它们就会消失。它们是死者的幽灵，生活在冥界的阿斯福德草原。这或许就是苏格拉底的时代绝大多数人看待灵魂的方式，倘若他们思考过灵魂的话。然而，在苏格拉底死后的一两代人之中，苏格拉底关于灵魂的观念——在总体上简洁有力，不同于柏拉图的那种复杂而又不稳定的灵魂——已经为许多聪明的、受过教育的希腊人所接受。它完美地符合基督的教导，因此逐渐变成了基督教的道德概念，并且自此以后成为被文明人广为接受的灵魂概念。倘若你和我说的是"灵魂"，我们所意指的就是苏格拉底的意思，他赋予了灵魂这种意义。

这是对我们心灵的道德装备所做的一种非凡贡献，但这并非苏格拉底做出的仅有贡献。苏格拉底对人性持有一种乐观主义的见解。他相信，绝大多数人希望做好事，坏事通常是无知或错误教导的结果。一旦一个人知道了真相，他的本能就会去做正确的事情。

因此，在苏格拉底看来，知识直接导向美德。这强调了教育的重要性，特别是由他的考察技术所揭示的那种教育，设计那种教育是为了表明，个体拥有的知识远比他自己所认为的要少得多，因此那种教育就是为了鼓励这个人去获取更多的知识。

特别缺乏知识的一个至关重要的主题是公正。所有的希腊人都支持正义。但即便并非没有人知道公正是什么，也只有极少数人才知道公正是什么。更为糟糕的是，苏格拉底发现，许多人认为公正所是的东西，恰恰就是公正的对立面。倘若希腊关于美德的知识中有一个主题在根本上是错误的，那个主题就是公正。亚里士多德正确强调了在揭示定义术语的需要时苏格拉底所具有的重要性，因为恰恰在你开始准确地研究诸多定义时，你才开始探测到无知，特别是关于公正的无知的严重性。

在《理想国》的第一卷中，苏格拉底（在这里仍然是他自己）与智术师色拉叙马霍斯（Thrasymachus）就"什么是公正？"这个问题给出的回答展开了争辩。色拉叙马霍斯的回答是："公正就是强者的利益。"他说，在每个社会中，界定公正或不公正的规则是由统治的精英，即社会中最强大的那部分人为了自身的利益而确定的。苏格拉底并不接受这一点，但他没有给出自己的答案，第一卷在没有得出结论的情况下结束。在第二卷中，苏格拉底不再是他自己，而是变成了柏拉图的苏格拉底。但我们在这个地方与其他地方了解到的是，苏格拉底认为，每个问题都应当根据它的是非曲直来加以判断，有道德的人不难区分公正与不公正。他反复用或许是最坚定的语言表明，公正地行动优先于所有其他的考虑要素。苏格拉底说，最好是忍受任何事情，甚至是忍受死亡，而不是做出不公正的行为。他在《申辩篇》中说道:"倘若一个人拥有任何价值,除了公正的行为,他无论如何都不会重视其他任何考虑要素——甚至不会重视生命本身。当他行动时,重要的仅仅是,他的行动是公正的还是不公正的,这是好人的行为还是坏人的行为。"苏格拉底对公正行为的最高权威的强调被人们广泛接受,在苏格拉底两代之后的伊索克拉底在《泛雅典娜节献词》(Panathenaicus)中的如下坚定陈述就表明了这一点:"违背正义而赢得的胜利比在道德上公正的失败更受人鄙视。"

显而易见,苏格拉底关切的并不是抽象的正义。他关切的始终是实践行为。正如色拉叙马霍斯所暗示的,苏格拉底那个时代的希腊人所持有的一个常见观点是,公正通常是一种私利的形式。当被问及"公正是什么?"的时候,一个希腊人会回答说:"一个人对他的朋友做好事,对他的敌人做坏事。"苏格拉底不会持有这样的解答。"一个公正的人既对他的朋友做好事,但肯定也对那些伤害过他的人做好事,并由此设法将敌人转化为朋友。"这个观点以多种版本出现,这个主题始终是让恶回归善。这就接近于基督那个"转过另一边脸颊"的建议。苏格拉底在《克力同篇》中清楚地说道:"作恶、以恶报恶,或者当我们遭遇邪恶时通过反过来作恶而保护我们自身,这些永远都不是正确的做法。"恰恰是这个清晰的观点,标志着苏格拉底在这个地方背弃了任何伪装中与任何处境下的道德相对主义,并且坚定地选择了道德绝对主义。倘若你知道一件事是错误的,就永远也不要去做这件事。

这种行事准则导致苏格拉底跨越了另一个历史上重要的道德分水岭,并完全否定了由个人和城邦尊奉的最根深蒂固的希腊行为准则之一——同态报复法。当然，同态报复并非希腊所独有。对于绝大多数（即便不是全部）源自野蛮部落制的社会来说，这都是常见的，而同态报复也谨慎地摸索出了诸多变得文明的模式。在希伯来的《出埃及记》，紧跟第20章的内容是，上帝对摩西与以色列人给出了十诫——它们似乎在许多社会（即便不是绝大多数社会）中都经受住了时间的考验——随后的那一章则针对打斗中伤害孕妇的情况，以严厉的方式制定了同态报复法（《出埃及记》21：23—25）："若有别的伤害，就要以命偿命，以眼还眼，以牙还牙，以手还手，以脚还脚，以烙还烙，以伤还伤，以打还打。"我们不知道《出埃及记》这本书是何时编撰的，但有一个理论认为是在公元前700年左右，这就让这本书的编撰者成为希腊诗人赫西俄德的同时代人，而赫西俄德是仅次于荷马的道德导师。赫西俄德比《出埃及记》走得更远："倘若一个敌人开始说或做对你有伤害的某件事，你肯定必须要对他双倍奉还。"这比希伯来的圣贤拥有更强的报复心理，后者仅仅要求以一只眼来还一只眼，而不是以两只眼来还一只眼：这种做法将会是错误的。

苏格拉底坚决反对同态报复的整个理论与实践。在《克力同篇》中，他规定了他的这个命令的五个原则。我们永远不应当做不公正的事。因此我们永远不应当以不公正的方式进行回报。我们永远不应当对任何人做坏事。因此我们永远不应当以恶报恶。对一个人作恶，无异于以不公正的方式行动。苏格拉底完全意识到就其重要的本质而言，他拒斥了希腊传统的道德与公正。因为在他宣布他的五个原则之后，他立即补充说："几乎没有人相信或将会相信这些原则。在确实相信的人与并不相信的人之间不可能存在任何共同的基础。每一方都觉得自己在鄙视另一方。"

苏格拉底的这个立场是在同态报复问题作为一项公共政策具有鲜明而又直接的重要性时被人们接受的。公元前431年，欧里庇得斯为他的《美狄亚》(*Medea*)做好了准备。苏格拉底几乎肯定在观众之中。这部令人惊骇的戏剧是一个以正义之名实施复仇的故事。美狄亚的所作所为与她所遭受的痛苦是完全不相称的，欧里庇得斯要证明的一个论点或许恰恰是，倘若同态报复（或复仇）被接受为公正的原则，那么相当难以在实践中确保报复可以与冒犯相对应。美狄亚说过，她所实施的是"在神的帮助下的公正回报"，但她事后承认，她"敢于去做最不虔诚的事情"。"不虔诚"这个词是重要的，因为它表达的暗示是，"公正的报复"这整个概念或许是不虔诚的。我们知道，苏格拉底至少在欧里庇得斯的一部戏剧中对他做出了帮助——"修补了这部戏剧"。或许是苏格拉底说服了这位诗人在《美狄亚》中插入这行文字。

接下来在四年之后，这整个问题以最惊人的方式在战争与政治的现实世界中发生。雅典人不得不决定如何处置米蒂利尼，它是莱斯博斯岛的主要城市，这个城市背叛了雅典人。它在当时已经为雅典的军队所占据。惩罚问题被交付雅典的公民大会讨论。这些城市在激烈的战争中往往是毫不留情的。斯巴达人与雅典人或许会残酷地实施在他们看来是公正的惩罚。在西斯提亚、米洛斯、斯基奥涅与托罗尼这四个例证中发生的实际情况，或许会被我们称为种族灭绝。但这些大屠杀是由军队的指挥官根据他们自身的权威而执行的。公元前427年，雅典的民主公民大会经过充分的辩论之后接受了这个决定。由于蛊惑民心的政客克里昂的华丽言辞，公民大会通过了这样一个决议，它命令指挥官在未经审判的情况下处决米蒂利尼的所有成年男性，并将那里所有的女人和小孩都卖为奴隶。

这种经过民主辩论的斩草除根或种族灭绝的动议，在希腊的历史或就我所知的任何历史中都是独一无二的。它显然让大多数人感到称心满意。但它必定让包括苏格拉底（我假定他当时也在场）在内的少数人感到震惊。我愿意认为——事实上，我很肯定——他对接下来发生的事情产生了影响。在投票之后，克里昂马上就派遣了一艘船去米蒂利尼，将公民大会的决定带给指挥的将军，并指示他在公民大会可能进行重新考虑之前就执行这个决定。而公民大会**确实**进行了重新的考虑。温和派在经过一个晚上焦虑不安的讨论（我假定苏格拉底参与了这次讨论）之后，他们的领袖狄奥多图斯（Diodotus）第二天呼吁公民大会撤销他们的决定。他的论据绝大多数都是注重实际的。他说，恰恰是米蒂利尼的寡头政府，而不是平民下达了这次叛乱的命令。绝大多数民众都站在雅典这一边，并迫使这座城市向如今占据该城市的雅典军队投降。在惩罚寡头执政者的同时去惩罚民众，这显然是错误的，因为有罪的是寡头执政者，而平民是无辜的，他们实际上站在雅典这一边。这种不公正会被雅典所有的同盟者与殖民地注意到。狄奥多图斯说："我认为，对于帝国来说，宁可让我们自己承受不公正的对待，也不要去消灭那些我们不应当去消灭的人，不管这么做有多么正当。"最后这句话揭示了一种苏格拉底式的思想，人们从这种权宜之计的一般性论证中就可以看到这种思想，这让我相信，狄奥多图斯容许自己至少部分地接受这位哲学家的指引。他并没有走得那么远，以至于拒绝将同态报复作为公正的原则：狄奥多图斯还是想要赢得投票的。他做到了这一点。决议被撤销了,他们立即派遣了一艘快速的三层划桨战船去米蒂利尼撤销对将军的指令。幸运的是,这艘战船及时抵达,雅典与雅典民众的声誉得到了保全。

我们在这里拥有的是这样一段经历,苏格拉底的观点在这时被直接应用于公众的活动之中,而不是缓慢地经过数代人之后才成为全体的共识。我们拥有坚定的理由来相信,苏格拉底的私人干预为确保这个结果发挥了决定性的作用。来自神的声音或许阻止了他成为政治家,但这并没有禁止他设法以真正的正义之名来影响政治决议,而这种真正的正义对立于作为公元前5世纪中叶希腊社会标准规范的虚假正义。

苏格拉底对同态报复的拒斥是他的哲学生活最重要的实践活动。它同样是哲学史中最为重要的事件之一。对此的最佳讨论是格雷戈里·弗拉斯托的《苏格拉底》的第7章(我强烈建议读者倘若有时间,就去细读这部论著)。苏格拉底所论证的立场特别强硬。它是最严格的道德绝对主义。他所说的实际上是:倘若你对其他的某个人做了某件坏事,更不用说对许多人做了某件坏事,那么不仅这件事本身如此糟糕,而且对你来说也是如此糟糕,以至于它实现的任何好处都不可能补偿这种恶。这件坏事或许赢得了一场胜利乃至赢得了一场战争;或许为你带来了你所珍视的一切,为你带来了快乐、舒适、安全与长寿;或许激起了你的爱人、你的家人与朋友的赞誉;或许就像你所认为的那样,对于他们的自我保存与你自己的自我保存来说是必不可少的;但倘若这是错误的,那么你就不可以去做这样的事。即便它会帮助你赢得整个世界,你也不可以去这么做。倘若你只有通过对其他人作恶才可以保持自己的生命,那么你的生活本身就会是不值得过的。

这是一个艰难的学说，毫不奇怪，在过去两千五百年的时间里，这个世界的人们通常会发现难以遵循这个学说，即便在原则上接受这个学说的情况下也是如此。某些证据表明，柏拉图发现它是艰难的，而大量引文表明，亚里士多德也不太相信它。他觉得复仇是人性中始终存在的冲动，就像导致复仇的愤怒一样根深蒂固。事实上，亚里士多德将愤怒定义为"强加报复性痛苦的愿望"。对我作恶，无论如何这都没有给予我权利来对那个作恶者施加相同的恶行，但这个绝对基本的道德真理对亚里士多德来说有点难以接受。事实上，苏格拉底是仅有的一个把握并完全接受以下这个道德准则的希腊人：同态报复、复仇或无论我们选择如何称呼它，这种做法都是错误的，永远都不可以接受它或为它辩护。苏格拉底是第一个明确表述这个公理，**并在对抗整个世界的情况下**（*contra mundum*）坚持这个公理的人。

自从苏格拉底首次制定或发现这个新的道德法则（对立于人的法则的神的法则）以来，不仅政治家、将军与民主国家（更不用说独裁政权与君主专制国了）已经无数次地违反了这个法则，而且无数个别的男人与女人在他们的个人行为中也已经无数次地违反了这个法则。例如，倘若我们考察第二次世界大战，我们就会被迫承认，英国和美国这些自以为是的民主国家，在投身于它们合理地认为具有正义性的战争时，针对臭名昭著的敌人，它们有时——某些人或许会说经常——屈从于同态报复的诱惑。不过它们承认这是一种诱惑，它们愿意接受对它们的这种做法的批评。即便在当时，关于轰炸德国与日本以及使用原子弹的正确性的争论就接连不休，自此以后的许多场合下肯定也是如此。这些争辩之所以发生，是由于苏格拉底最初的道德启示以及它随后对普遍良知的启发。

苏格拉底还专注于公正的另一个方面并对此形成了新的洞识：女性的地位与男性对女性的态度。现在苏格拉底对女性有重要的话要说，这再次标志着一个历史的转折点，但在我们转向这些话语之前，方便的做法是弄清楚古希腊的同性恋问题，澄清同性恋在多大范围内流行，以及苏格拉底在何种程度上涉及同性恋。在公元前7世纪晚期与公元前6世纪，大量阿提卡的黑绘瓶和红绘瓶都铭刻了"[这个男孩]是美丽的"这样的铭文，有一两个流传下来的容器甚至表现了男人与男孩在进行同性交合。不过，在公元前5世纪的下半叶，这种活动的视觉证据有所减少，到苏格拉底去世时，就很少看到这样的视觉证据了。

这种活动在很大程度上局限于拥有土地的富裕家庭，这些家庭嫁妆丰富的年轻处女一旦进入适婚年龄，就被严格地隔离起来。直到公元前5世纪中叶，对于良好家庭的年轻男性来说，他们都难以找到机会来让自己与年轻女性独处，浪漫的性爱在上流社会的圈子里即便并非不可能，也是相当困难的。作为替代，年轻的男人与年长的男人形成了浪漫的友谊关系，他们用自己的美貌来换取教诲、智慧、引导与资助。精英们的正式运动和锻炼（其中男性赤身裸体）、**宴会**（*symposium*）或全部由男性参加的晚宴的制度，以及强调勇气、友谊与冒险性表现的战争进一步促进了这些联系。但无法确定的是，众多这样的友谊是否都采纳了一种肉体的形式。我们知道，男性卖淫者始终会遭到厌恶，在同性交合中享受被动角色的男性为所有阶层的希腊人所鄙视。然而，存在着许多关于年轻男性之美的谈论，人们发现这在包括柏拉图的作品在内的诸多文学中都有所反映。

苏格拉底用他的一生来与（主要是）男人进行争辩，尤其是年轻的男性，而且他按时参加诸多**宴会**。因此他不可避免地被说成与诸多男性有性关系，或至少宽容他在社会上的朋友的同性恋活动。在我阅读相关文本的过程中，我没有发现存在任何证据可以表明，苏格拉底曾经参与过同性恋的性爱活动。他肯定同意，一个男孩或一个年轻的男人或许是美丽的。但苏格拉底对男性之爱局限于视觉与心灵的接触。就像他接受了公众的多神论与迷信一样，他以相同的方式宽容人们在**宴会**上永无休止地对男性之间的激情进行谈论。但当他参与这种谈论时，他的腔调是幽默滑稽的。在柏拉图那里有一段重要的文字，它对吕西亚斯（Lysias）的一篇演讲做出了分析，吕西亚斯是一个外侨（作为二等公民的移民），他是一个富有的盾牌制造者的儿子，吕西亚斯自己通过演讲稿的写作而成为有钱人。在这篇演讲中，吕西亚斯说，一个少年应当将他的欢心给予一个**不**爱他的人，而不是一个爱他的人。苏格拉底将这个说法当作一个笑话："真是妙极了！我即便走到了迈加拉城也会回来聆听这样的演说！"接下来他说："我希望吕西亚斯会补充说，一个少年应当将他的欢心给予穷人而不是富人，应当将他的欢心给予老人而不是青年，总而言之就是给予像我自己这样的普通人。这会是一种多么诱人的民主事业啊！"

苏格拉底在别的地方（例如，当《斐德罗篇》中的斐德罗怀着钦佩之情展示一件作品时）反对了这样一种爱的观念，它将爱主要作为一种与肉体欲望有关的问题。这似乎表明了在柏拉图关于**厄**

洛斯（*Eros*）[1]这个词的成熟概念与苏格拉底关于厄洛斯的概念之间的一个巨大差异。对柏拉图来说，厄洛斯能够产生一种令人陶醉的力量，一种迷狂。苏格拉底的厄洛斯是慎重的、温和的、轻松愉快的、温厚的、幽默的与明智的。柏拉图同样拒绝了与性欲有关的狂喜，因为它否定了那种要将灵魂从肉体那里分离的尝试（这是柏拉图关于复杂灵魂的荒谬概念的组成部分），因此尽管柏拉图允许男性之间的肉体接触，但他禁止"最终的满足"。苏格拉底并不反对性高潮，但他仅仅允许性高潮在男性与女性之间发生。他认为，任何在肉体上的同性交合，特别是导致性高潮的同性交合对男孩与男人都没有好处。他将之称为"吞食"。苏格拉底在色诺芬的《会饮》中说出了这样一段关键的话语："男人应该为自己保留快感，对男孩来说这是最可耻的东西……男孩并不像女人那样享有与男人发生性关系时产生的快感，而是清醒地旁观另一个人的陶醉。"

苏格拉底关于同性恋的见解有别于善意的男性友谊，这种见解的一个更为清晰的例证出自柏拉图的《会饮篇》，当阿尔西比亚德醉醺醺地抵达晚宴并看到苏格拉底在那里时，他对于自己与这位

---

[1] 厄洛斯（Eros），在古希腊神话中，厄洛斯是一个爱神，他是大自然的原始力量之一，也是众神之主宙斯的儿子，他代表创造性与和谐。后来的传说则把他视为阿佛洛狄特（爱与美的女神）和阿瑞斯（战神）的儿子，他具有诱使神与人相爱的无限威力。古罗马神话把他称为丘比特。在哲学与心理学中，厄洛斯代表人的欲望及爱的成分。在柏拉图的哲学中，它基本上是凭借美而产生的孕育和生殖的欲望，它是一种原发的动能，一个动态的过程，一种对永恒世界的不懈追求。在精神分析中，弗洛伊德首次用这个术语表示一种潜藏在性本能之后并与死亡本能针锋相对的积极生命力。弗洛伊德的力比多概念可以说是现代精神分析对古代厄洛斯概念的一种新的表述。——译者注

先知的关系发表了一篇漫长而又坦率得令人尴尬的演说。除了其他的内容，他还详细地描述了他那次诱惑苏格拉底的失败尝试。正如所有的描述都会赞同的，阿尔西比亚德在他年轻时是一个格外英俊而又有魅力的人，他毫不费力地就可以让任何喜好男孩的年长男性无法抗拒他的魅力。他极度地钦佩苏格拉底并将他作为智慧的源泉，他希望从苏格拉底那里得到的是一段亲密的关系，通过这段亲密关系，他会用肉体的快感作为回报换取苏格拉底给予他心智的欣悦。苏格拉底不会有这样的快感。他拒绝了阿尔西比亚德的提议，这些提议采取了各种形式，实际上并不是粗陋的，而是彬彬有礼的，而且拥有诸多合理的理由。阿尔西比亚德最后设计了一个场合迫使苏格拉底在他的家里睡觉，"当灯被熄灭，仆人退下时，我觉得自己必须对苏格拉底开诚布公并消除掉所有的疑虑"。因此他摇晃苏格拉底以便于确保他还没有入睡，他毫不含糊地说明了他的意图：用他的美貌换取苏格拉底的头脑。苏格拉底试图说服他不要这么做，但阿尔西比亚德继续坚持要这么做：

> 因此，我爬了起来，不希望再多听他一句话，并将我的外套盖在他的身上。接下来我就钻进了他穿旧的大衣之下（当时正是寒冷的冬天），并用胳膊搂着他。我在那里躺了一个晚上，紧紧地抱着这个超越常人的天才……然而，尽管我做出了所有的努力，他表明他自己对我的所有诱惑都完全无动于衷。我觉得他是轻蔑的与高傲的，他几乎在鄙视我的美貌——尽管他完全是彬彬有礼的——他的美德让他以一种有礼节而又高傲的方式拒绝了我如此躺在他面前的身体。什么

事都没有发生，我最后睡着了。当我醒来时——所有的神明都可以为我作证——我仍然未受侵犯，就好像我是与我的父亲或长兄一起睡觉一样。

这段文字或许给现代读者留下了奇怪的印象。尽管它表明了苏格拉底没有同性恋的倾向，但它也表明了苏格拉底面对阿尔西比亚德的挑逗被动默许了这样的活动。苏格拉底并没有做出拒绝，因为苏格拉底相当清楚地看到，他不做出回应，这会强烈地伤害阿尔西比亚德的自尊。再过分一点，那将会是难以忍受的残酷。苏格拉底的被动态度恰恰是经过了良好的判断而采取的。

我们现在可以转向苏格拉底与女人的关系，以及他对于女人在社会中发挥的作用的见解。这种证据并非相当充分，但存在的那些证据被证明是格外有趣的。在《会饮篇》的推进过程中，按照柏拉图的描述，对话转向了爱，苏格拉底介绍了曼提尼亚（这是阿卡迪亚的一座城市）的狄奥蒂玛这个人物。苏格拉底说："她是将爱的技艺传授给我的人，我将试图向你们重复她对我说过的话。"他说狄奥蒂玛是"一个对爱情和其他许多种类的知识都有明智见解的女人"。他还说，狄奥蒂玛曾经向雅典人提过这样的建议，即他们应当通过献祭来避免正在希腊其余地方传播的瘟疫波及雅典，由于她的努力，这场瘟疫被延迟了十年。因此，她看起来似乎是某种女祭司。

根据柏拉图的记述，接下来是狄奥蒂玛与苏格拉底之间的数千字对话，这个女人占据主导地位，而苏格拉底接受她的建议。许多论述爱的本质的内容纯粹属于柏拉图，关联于他的"形式"与他对灵魂以及"重新发现"知识的独有见解。我们在这里不需要去关注这些内容，这仅仅表明了柏拉图将他个人的观点强加于其他人的令人不快的习惯，而在这个实例中他把自己的观点强加于狄奥蒂玛与苏格拉底之上。尽管如此，《会饮篇》的这部分有三个方面给我们留下了强有力的印象。第一，苏格拉底只有在这时才直接告诉了我们关于他的教育的某些情况以及他接受这个非凡女性的教育的方式。关于谁影响了青年苏格拉底并让他形成了自己的哲学进路，人们产生过大量的推测。但我们在这里实际上就可以粗略地认识到他的训练，有趣的是，我们得知他的老师是女性——在公元前5世纪的雅典这是最不寻常的事情。第二，狄奥蒂玛所运用的是被我们最终称为"苏格拉底式"的追问方法，而苏格拉底在这个例证中受到了狄奥蒂玛的追问。她"考察"了他。现在她确实以一种苏格拉底自己通常避免的方式来继续教导和传授知识，以便于对爱的讨论得出结论。尽管如此，引人注目的恰恰是，苏格拉底是被一个女人引向了他的考察技术。苏格拉底拓展并改进了这项技术，但它并不完全是由苏格拉底发明的。因此，在创造我们所知道的苏格拉底这个人物的过程中，狄奥蒂玛发挥了比其他任何人都更为重要的作用。第三，在狄奥蒂玛关于爱的描述中有一段引人注目的文字，这段文字与分娩有关：它的痛苦、它的荣誉与它的美好。在整个希腊文献中没有任何与之特别类似的东西。这让我认为，苏格拉底的母亲，助产士费纳瑞特对苏格拉底与狄奥蒂玛的关系有所影响。或许她就是引进这种描述的原因。狄奥蒂玛可能也拥有接生的经验，而事实上我觉得这很有可能。这两个女人或许曾经就一个疑难案例在一起进行过商议，或者曾经协同工作。恰恰只有在这个时候，我们才能公正地推断苏格拉底的母亲在他的智识教养中发挥的作用。

对苏格拉底的一生产生过影响的第二个女人甚至更为引人注目。阿斯帕西娅来自米利都，米利都是希腊殖民者建在如今的土耳其海岸最南端的大城市。她的出身并不高贵，但大概并非出自奴隶阶级。然而，她通常被描述为一个交际花，这个词被用来指称情妇或与一个男人拥有一种不合法关系的女人，这个阶层要高于卖淫者。交际花通常是外邦人、奴隶或被释放的妇女。她们拥有某些法定的权利并会交税，但很少享有雅典的完整公民权。她们经常是音乐家、舞蹈家或长笛演奏家，她们会被雇佣在完全由男性出席的宴会上表演。

阿斯帕西娅是非同寻常的，因为她是一个拥有高度文化修养、博览群书的女性，她成为伯里克利的圈子里的一个成员，在伯里克利与他的妻子离婚五年之后，阿斯帕西娅成为伯里克利的伴侣，并且直到伯里克利去世时仍然保持着这种关系。她显然相当了解苏格拉底，她在苏格拉底穿越雅典的游历中与苏格拉底见过面，我猜想，阿斯帕西娅也受过苏格拉底的"考察"。苏格拉底高度评价了她的才智与文学成就；当苏格拉底被一个年轻人的父母要求推荐可以教导修辞学的大师时，苏格拉底提到了阿斯帕西娅。这使他们感到惊讶，但苏格拉底的建议被接受下来，并且被证明是明智的。阿斯帕西娅教导过其他的年轻人，并且为伯里克利发表的演说提供了帮助。事实上，她或许可以被视为历史上第一个职业的演讲稿撰写者，让人觉得奇怪的是，这种角色竟然是由一个女人开创的。不过，她不太可能撰写了伯里克利的著名葬礼演说的全部内容，因为伯里克利在这篇演说中有一次以薄情的方式提到了女人：他说，拥有最佳声誉的女人是那种"设法让她自己的名字永远不被提及的女人,不管是被称赞还是被指责"。

民众相信,阿斯帕西娅是位于伯里克利宝座背后的一种权力,她在戏剧与讽刺短文中被攻击,其中最著名的一次攻击是由阿里斯托芬在他的喜剧《阿卡奈人》(*Acharnians*)中做出的,这部戏剧于公元前425年赢得了一等奖。因此,她与苏格拉底都共同遭到了这个尖刻剧作家的敌视,尽管就苏格拉底而言,他在自己遭受攻击的时候很可能并不认识阿斯帕西娅。她似乎在剧坛受人嫉妒与怨恨,几年之前在伯里克利仍然活着的时候,她就被演员赫尔米普斯(Hermippus)以不虔诚为由公开控诉。伯里克利运用杰出的技巧与激情为她辩护,她被宣判无罪。在伯里克利去世之后的公元前429年,她与政治家吕西克列斯[1]交往,但吕西克列斯在接下来的那一年里被杀害。她与伯里克利的交往或许并没有让她进入史书,但她与苏格拉底的友谊以及苏格拉底明显对她具有的钦佩之情则让她进入了史书。她不仅出现于柏拉图的作品之中,而且还出现于埃斯基涅斯[2]与安提斯泰尼[3]的作品之中。

苏格拉底受到了这两位才华横溢的女性的许多影响,这些影

---

1 吕西克列斯(Lysicles,? —前428),雅典的将领与雅典民主派的政治领袖,他生活于公元前5世纪,有可能是伯里克利的朋友。根据埃斯基涅斯的记录,阿斯帕西娅在伯里克利死后与吕西克列斯共同生活,并与他生有一子。——译者注

2 埃斯基涅斯(Aeschines,前389—314),古希腊著名演说家,因主张与马其顿腓力二世和解而成为德摩斯梯尼的政敌。——译者注

3 安提斯泰尼(Antisthenes,前445—前365),古希腊哲学家,苏格拉底的弟子之一。他生活在雅典,是犬儒学派的奠基人和主要代表。——译者注

响如此之深，以至于他认为，女人应当在雅典社会中发挥更大的作用，尤其是应当通过接受与男性一样充分的教育来为此做准备。苏格拉底认为，女人提升她们的低等地位是一个在根本上与公正有关的问题。事实上，她们承受着无情的压力，永远无法外出，永远无法获得成就，永远无法拥有文娱生活，而仅仅是家庭的苦力与性奴。甚至上流社会的女性也被认为应当从事纺纱、织布和做衣服的工作。在雅典（不同于斯巴达，女人在那里的地位相当高，权利相当多），女人不能支配自身，不能处置财产，不能在法庭提起诉讼（除了离婚）。这或许完全与约翰逊博士的如下格言相一致："大自然赋予了女性如此大的权力，以至于法律理所当然地没有赋予她们多少权力。"因为希腊的作家无休止地谈论女人的诡计，以及她们的性吸引力所带来的巨大而又经常是灾难性的结果。苏格拉底认为，女人恰恰就像男人一样聪明，因此她们也应当接受教育，并应当在社会中占据可以尽责的位置。她们活动所受的唯一限制应该是缺乏体力。他相信，女人应当学习骑术，甚至可以在她们愿意的情况下被训练成战士。

苏格拉底对女人的见解在柏拉图的《理想国》中有所反映，这部论著表明，苏格拉底提倡女性接受教育、训练，并拥有正式的职位。某些卫士（柏拉图理想状态的统治者）将会是女人。不幸的是，柏拉图在重新组织社会与重新安排女性生活的问题上远远超出了苏格拉底。事实上，柏拉图主张的是废除家庭，建立一个由妻子和孩子组成的共同体，苏格拉底会对这个主张抱以轻蔑的嘲笑，而柏拉图自己在他的后期作品《法律篇》中最终也否定了这个主张。

苏格拉底真正希望的是这样一个体制，它允许女性发展她们的心智与技能并发挥她们的潜能。他喜欢想象她们过一种尽责的与充实的生活,但他并不反对她们把自己局限于照顾她们的丈夫与孩子,倘若这就是她们的愿望。但倘若她们渴望竞选公职,甚至竞选**将军**的话,那就让她们去这么做。他信任女人。他发现雅典人有这样一个令人厌恶的习惯,即按照规定,上流社会的女性永远不能外出,除非有一个奴隶陪同,而这个奴隶通常是男性。这部分是为了保护这个女人的安全,但同样也是为了让这个奴隶回来向主人汇报他的妻子是否做了任何古怪的或应受谴责的事情。

这就引出了奴隶制的问题。在雅典的居民中,大约有一半人没有资格享有公民权:欠债的奴隶、非自由民(本地被奴役的人口)、**客籍民**或外国人与动产奴隶。奴隶从事的是各种工作,特别是那些涉及为主人提供服务的工作,如在银行工作。希腊的公民,特别是雅典的公民,不情愿为了另一个人而工作,他们相信,这损害了他们的独立性并相当于一种形式的奴役。因此,奴隶拥有机会获得成功,这就是帕西翁成为希腊最富有的银行家的方式,这也是他成为自由人的方式。但对于绝大多数奴隶来说,无论他们生来便是奴隶,还是战场的俘虏,他们几乎没有任何机会获得自由,而在小亚细亚的以弗所的殖民地那里有一个繁忙的奴隶市场,贫穷的主人或许会将奴隶送到这个市场上。

按照苏格拉底对奴隶制的理解,奴隶制显然是对公正的一种冒犯。因此,奇怪的是,我们的资料没有表明他反对过奴隶制,建议过废除奴隶制,乃至评论过这种奴隶制的生活方式。或许存在着一段遗失的对话,接下来的几代人仅仅由于无法复制而"压制"了这段对话——这是社会发现自己无法忍受的许多作品的命运。我们再次感到，苏格拉底述而不作的决定是极其令人遗憾的。他没有考察奴隶制，这是他那个原本全面的公正观的一个最大空白，实际上它也是苏格拉底整个哲学的一个最大空白。考虑到他死后的影响，他对奴隶制的尖锐而又合理的谴责将产生诸多不可估量的后果，而这或许导致了在数个世纪之后对这种人类祸害的废除。当然，苏格拉底在他的对话中很有可能习惯性地追问过奴隶制的公正性。我认为这不仅有可能发生，而且实际上相当有可能发生。倘若实际情况就是这样，这种对奴隶制的含蓄拒斥，就像对同态报复的明确拒斥一样，就会与某些雅典人对苏格拉底的敌意有关，这种敌意导致了苏格拉底所遭受的控告、定罪与死亡。现在让我们转向这些事件。

第六章　雅典的腐化与苏格拉底之死

苏格拉底生活在雅典这个相对开放的社会之中,他能够进行他对智慧和美德的探索,"考察"青年与老人、穷人与富人,在半个世纪之久的那段最好的时间里,他处于完全的自由之中。没有记录表明,官方在那段时期试图禁止他进行教导或哲学思考,尽管他所教导的东西,特别是关于公正与不法行为的主题,经常与雅典的共识相悖,而且必定让头脑正常的人感到震惊。尽管如此,他作为教师的事业并非没有危险。根据雅典创造的财富、艺术与观念,雅典是最成功的希腊城邦。在公元前5世纪的大量时间里,雅典是文明世界的文化之都。但由于它的成功,它对政治家与那些凭借他们的才智谋生的人来说都是一个有危险的地方。激烈的竞争产生了在历史上前所未有的大规模的艺术革新与理智创新,但这同样产生了羡慕、怨恨、个人嫉妒与积怨。这些东西在精英之中是最为显著的,但众所周知,作为一个整体的公民是反复无常的,他们批评他们的领袖与所有的杰出人士,他们轻易就会来回摇摆,公民会报复性地对待那些在公共事业上失败的人,或者会对那些被他们视为傲慢或虚荣的人产生愤怒。这是一个名流的社会，其中的知名人士不仅有可能被赞扬，而且还有可能被撕碎。在某些方面，它就像纽约一样，理查德·尼克松称之为"典型的快速通道城市"。在雅典那里，成功令人欣喜若狂，而失败则会遭受严重的惩罚。

此外，在苏格拉底人生的最后一段时间里，雅典已经是一个有可能突然转向丑恶的腐化之处。在雅典卫城与露天广场，存在着政治迫害的强烈气息，即便是断断续续的。伯里克利占据支配地位时阳光明媚的岁月再也不会回来了。公元前430年，黑暗与严重的瘟疫一起降临了，这场瘟疫杀死了伯里克利家族的绝大多数成员，并最终杀死了伯里克利。这场瘟疫摧毁了这座城市曾经无与伦比的自信。它似乎是对雅典的骄傲自大的一次审判。它还大量毁灭了精英的阶层，杀死了其中某些最有才能的成员。它对雅典的军队与海军人力产生了明显的影响，让雅典弥补战斗损失变得更加困难。可以感觉到，雅典人口增长时期已经结束了。这场瘟疫让雅典的人口减少了四分之一。几乎没有任何迹象表明它在苏格拉底的有生之年里有所恢复。

没有一位领导人具有可以取代伯里克利的活力与远见，没有一位领导人具有前后一致的目标来成功进行伯里克利发动的伯罗奔尼撒战争（前431—前404）。领导权落到了那些反复无常而又不负责任的人手里。首先是由克里昂这个残酷暴虐的煽动者负责指挥，他在公元前422年入侵色雷斯，但在最初取得了某些胜利之后，他被打败并死于安菲波利斯。当斯巴达与雅典在弥补自己的损失时，就存在着诸多周期性的休战与长时间的停顿。接下来则是由阿尔西比亚德这个苏格拉底的朋友与自诩的情人前来掌舵。他与其说是一

141

个蛊惑民心的政客，不如说是一个冒险的投机者，他忠于的最终是他自己。在公元前416年至公元前415年期间，他大张旗鼓地支持这样一个浮夸的计划：派遣一支海军与陆军，远航到西西里岛去征服斯巴达的重要盟友叙拉古。将军尼西阿斯（前470—前413）反对这个计划，他作为对立于克里昂的温和派出现，他在总体上赞成的是和平。尽管如此，这个计划还是被采纳了，尼西阿斯与阿尔西比亚德都被任命为指挥官，说得委婉些，这并不是一个明智的安排。根据修昔底德的描述，这次远征是规模庞大与装备精良的，"这是雅典曾经派遣的最为宏大的一次远征"。苏格拉底不安地留意着这次远征的准备工作。他从来也不是一个和平主义者，他在年轻时曾经英勇地为雅典而战，但他认为，战争通常是不明智的，而正如实际情况所证明的，这场与斯巴达的殊死战斗让希腊自取灭亡。阿尔西比亚德与尼西阿斯都是苏格拉底的朋友，这个事实让苏格拉底的处境颇为艰难。

结果是阿尔西比亚德很快被召回雅典，他将面对玷污埃留西斯秘仪[1]的指控，而埃留西斯秘仪是雅典最重要的秘密异教团体。这是他和他富有的朋友沉迷于放纵、醉酒的典型行为。任何同时代的作家都没有准确地告诉我们，阿尔西比亚德与他的那帮朋友究竟做了什么，以及他们为什么要这么做，对他们自身来说，整件事就像对我来说一样是难以理解的谜团。由于害怕被定罪与遭受处决，

---

1 埃留西斯秘仪（Eleusinian Mysteries）是古希腊时期位于雅典西北部埃留西斯的一个秘密教派的年度入会仪式，这个教派崇拜女神得墨忒耳及其女儿珀耳塞福涅。埃留西斯秘仪是公认的与早期农业民族有重大关联的一个上古原始宗教，它可以被追溯到迈锡尼文明。——译者注

阿尔西比亚德接下来抛弃了雅典，前往斯巴达，就如何破坏他亲自倡导、规划与指挥的那次远征提供建议。但他很快也和斯巴达人反目，他在此后的战争期间就在这两个阵营之间来回摇摆，直到他于公元前404年在弗里吉亚被谋杀为止。他从未忘记夸耀自己与苏格拉底的关系及他从苏格拉底那里学到的东西，对于这位如今已经六十五岁的年老哲学家来说，这已经成为一个严重让他感到难堪的事——也成为一种威胁。

尼西阿斯也被证明是一个让苏格拉底感到难堪的人，因为他的行动在总体上是优柔寡断的，他将自己的信任给予了预言家与占卜者，而不是给予他自己的军事本能。尽管获得了增援，但这次西西里远征还是以彻底的灾难告终，士兵们被屠杀或留在叙拉古之外的采石场上饥饿而死，包括尼西阿斯在内的指挥官则被处决。这是整个雅典历史上最大的军事失败，这次彻底的失败只有通过修昔底德讲述它的华丽文章才能挽回它的声誉。

这次战争拖得太久，雅典人英勇无畏地做出了努力来试图重建海军、确保食物供给，并防止斯巴达摧毁雅典帝国的剩余部分，但他们也变得越来越铤而走险，甚至变得越来越绝望。公元前406年，一支雅典的舰队赢得了阿吉纽西海战的胜利，这座以阿吉纽西命名的小岛位于莱斯博斯的主要岛屿与亚洲大陆之间。这对于那座遭受围攻的城市来说是一次重要的成功，但它被雅典的政客浪费了。两个阵营的损失都是沉重的。斯巴达的舰队被摧毁，而雅典损失了二十五艘船只与超过四千名海员。政客们非但没有向指挥官祝贺他们取得的胜利，反而决定控告海军指挥官没有采取足够的行动来拯救士兵的生命，因此应当对他们的失职加以处罚。这个控诉本身就是反常的,且它由于两个不合规则的做法而进一步变得更糟。第一,政客们在推进他们控诉的审议过程中,并不是通过宣誓的陪审团做出裁决的,而是通过公民大会的一次简单投票来做出裁决的。这就让它变得类似于那个在金雀花王朝末期与英国都铎王朝时期颁布的臭名昭著的剥夺公民权法案的审议过程,这个法案让如此众多的无辜男女失去了他们的生命。第二,公民大会被禁止单独审判这八个被指控的指挥官,而且被告知要以一次投票的方式对他们进行集体审判。这违背了雅典法理学的一个核心原则,明显是不合法的。

苏格拉底碰巧直接卷入了这次可耻的诉讼。尽管苏格拉底拒绝参与政治活动,但他始终履行宪法赋予他作为守法公民的职责,这就需要他不时在五百人议事会任职,而在这个场合下他需要在这个诉讼程序委员会或**主席团**(*prytanes*)中任职,它将决定公民大会的议事规则。这个委员会无疑在苏格拉底的推动下,对这次诉讼的违法性与违宪性提出了抗议。但提起公诉的政客在死去水手的家庭形成的一群暴民的支持下,恐吓这个委员会的成员,威胁要将这些成员的名字添加到起诉书之上,然后宣判并处决这些成员。委员会的成员逐个做出了让步。只有苏格拉底一个人继续提出抗议,并拒绝在这个实际上是暴民法的法律闹剧中扮演任何角色。这是一件需要鼓足勇气才做得出来的事情,而苏格拉底幸运地死里逃生。所有的指挥官都遭受了集体审判,六名指挥官被立即处决(两名指挥官已经逃脱)。在雅典的这次亵渎公正的审判中,只有苏格拉底一个人独自坚持法治。

三年之后,苏格拉底再次独自反对道德与法律上的无政府状态。阿吉纽西的短暂胜利之后，雅典继续遭受挫败；残忍、傲慢却又高效的斯巴达指挥官吕山德[1]被证明无论是在陆地上还是在海上都是不可战胜的。公元前405年，他在伊哥斯波塔米击溃了雅典剩余的海军，并封锁了比雷埃夫斯港，让雅典人陷于挨饿的状态，并在公元前404年春迫使他们屈服。在他接管雅典的殖民地与同盟国的过程中，吕山德暂停实施雅典现存的民主宪法，用我们或许会称之为寡头贵族的军政府取而代之。这个军政府是由克里提亚斯[2]领导的，苏格拉底很熟悉这个人，他与柏拉图的母亲是表兄妹的关系。在与塞拉门尼斯[3]（他是更为温和的反民主党领袖）合作的过程中，克里提亚斯曾经向吕山德寻求过帮助，吕山德的军队在那时占据了雅典的卫城。吕山德迫使公民大会暂停实施原有的宪法，制定了一部新的宪法，并指定了三十僭主来统治这个城市。三十僭主攫取了独裁的权力，而克里提亚斯是三十僭主的头领。他们任命了一

---

1 吕山德（Lysander，？—前395），斯巴达人，古希腊军事家。在凭借出色的外交手段获得波斯的支持之后，吕山德指挥斯巴达舰队于公元前405年在埃果斯河战役中击溃了雅典海军，从而结束了伯罗奔尼撒战争。斯巴达军队随后占领了雅典城，在吕山德的扶持下建立了三十僭主集团，结束了雅典的民主政体。——译者注
2 克里提亚斯（Critias，前460—前403），古希腊政治家与作家，其著作有残篇传世。克里提亚斯出生于雅典，在掌权期间坚持政治独裁，导致雅典社会动荡不安，后被推翻。他的事迹在柏拉图的著述中有所反映。——译者注
3 塞拉门尼斯（Theramenes，？—前404），雅典政客，在伯罗奔尼撒战争的最后十年中声名显赫。他曾参与雅典的两代寡头政府，并在公元前406年参与了对阿吉纽西战役指挥将军的审判。作为寡头执政者中的温和派，他游走于民主派与极端寡头派之间。——译者注

个由他们控制的新行政长官，建立了一个由十人组成的理事会来统治比雷埃夫斯，从所有的公职上开除民主人士，并开始对他们的仇敌和政敌进行恐怖统治。塞拉门尼斯恳求克里提亚斯任命一个新的公民大会来为这种统治赋予合法性，他拟定了一份涵盖三千个公民的名单，但从未加以公布。克里提亚斯最后处决了塞拉门尼斯，根据估计，与他一起被处决的还有一千五百个著名的反对者。其他反对者遭到了放逐，剩余的人则大多逃跑了。

于是，雅典获得了一个维希式的政权，它由驻扎在雅典卫城的斯巴达军队来维持权力，这些斯巴达的军队扮演着纳粹的角色。苏格拉底显然对这一切都感到不满意。不仅克里提亚斯是他原先的学生，而且卡尔米德（Charmides）也是他原先的学生，卡尔米德还是他的主要伙伴之一，柏拉图母亲的兄弟。尽管如此，一旦开始执行这些处决，苏格拉底就公开谴责它们是不公正的与不合法的。根据色诺芬的说法，苏格拉底被传唤到三十僭主面前，他被告知应当立即停止与年轻人的对话。苏格拉底不仅拒绝这么做，而且不考虑克里提亚斯提出的威胁。克里提亚斯原本或许会处决苏格拉底，但他的策略是让苏格拉底参与这个政权的活动，并让苏格拉底共同承担它的道德责任。苏格拉底与其他四个公民接到命令，让他们逮捕一个富有的男人，即萨拉米斯的莱昂（Leon of Salamis），没收他的财产，接下来再将他杀死。那四个公民服从了命令，莱昂事实上被谋杀了。苏格拉底拒绝在这种暴行中扮演任何角色，他做出的行动仅仅是回家。按照苏格拉底的预期，他将在家里被捕，并会轮到他自己被处决。他原本可以像如此众多的其他人那样逃离雅典，但没有任何东西能够说服他离开他心爱的城市。在那一年将要结束的时候，发生的诸多事件都不利于克里提亚斯。他没有能力在比雷埃夫斯确立他的权威，因为在那里聚集了众多拥有武装的民主人士。他亲自前往那里去查看他还能做些什么，并在与色拉西布洛斯[1]领导的流亡者的战斗中被杀。他的盟友在那时被温和派罢免，而温和派与民主人士就诸多条件进行了谈判。公元前403年夏，民主体制得以恢复，而那些僭主的余党逃往埃留西斯，三年之后，他们在那里遭到了屠杀。

希腊史上这段不幸的时期由此结束了，这段时期让苏格拉底处于孤独与不安的状态，但无损于他的荣誉。尽管如此，他在某些方面是一个知名人士，他被关联于三个政客，在雅典遭遇失败的岁月里，全体公民已经通过大量的谴责将这种耻辱归咎于这三个政客——阿尔西比亚德、克里提亚斯与卡尔米德。这三个人物都出现于柏拉图关于苏格拉底的作品之中，卡尔米德还拥有一个以他的名字命名的对话录：不寻常的是，正是苏格拉底鼓励卡尔米德进入政界，而这是众所周知的。我认为，克里提亚斯不太可能是通常意义上的苏格拉底的学生，因为他仅仅比苏格拉底年轻九岁，但这三个人物都受到了苏格拉底的影响，而这肯定也是众所周知的。如今这三个人都已经去世了，但严格地说，没有一个人在经过恰当程序后受到了雅典法律的惩罚。因此，正义没有得到满足。我们必须记住，大约有一千五百名雅典人被司法谋杀，或未经任何审判就被杀

---

1 色拉西布洛斯（Thrasybulus，前440—前388），雅典海军将领和民主派政治领袖，领导雅典民主力量成功推翻了斯巴达人在雅典建立的三十僭主傀儡政权，并在科林斯战争中多次打败斯巴达人，但他最终战死于公元前388年。——译者注

害，他们的子女与家属叫嚣着要报复。要将哪个人扔给他们呢？将苏格拉底扔给他们会怎么样呢？难道他不正是那个反对将复仇当作公正的人吗？难道他没有说过，同态报复是错误的吗？这些都是苏格拉底如今应当受苦的重要原因。

雅典司法体制的一个缺陷是，在寻求起诉违法者时，没有明确区分公共利益与私人利益。国家可以做出起诉，而且也确实做出过起诉。但个人也能代表公众起诉，而且他们经常这么做。这种法律并不像英国与美国的法律那样在公共的罪行与私人的侵权（错误行为）之间做出区分。也不存在彼此独立的法庭来强调寻求法律补救的公共动机与私人动机之间的差异。倘若在苏格拉底的案例中，这些问题被留给国家的权力机关，最有可能发生的情况是，它们不会去干涉苏格拉底。国家要做的事情实在太多了，它不会去和一个将近七十岁的老人进行较量。不仅在雅典的政策中，而且在雅典的法律中，都存在着重大的变革与对重大变革的反拨。当民主派重新恢复了权力，他们最早采取的行动之一是任命一个委员会来修正与编纂整部法律，三十僭主与他们的斯巴达主子已经让法律处于一种混乱的状态。直到公元前400年，这个委员会都没有完成它的这项工作。有许多私人诉讼悬而未决，它们是由被杀的受害者家庭发起的，他们是为了恢复他们被没收的财产。那些法庭塞满了愤怒的与失意的诉讼当事人。

但是在雅典，有些人认为，惩罚苏格拉底或至少迫使他离开雅典是他们的道德责任，其中的一个人就是阿尼图斯（Anytus），他是一个富有的民主人士，他声称自己是出于最高尚的动机才采取行动来控诉苏格拉底的。柏拉图在《美诺篇》中将他称为一个有教养的人。但他并不是一个受过良好教育的人。他并没有在苏格拉底与智术师之间做出区分,而他对智术师的憎恶之情是强烈的。他在这个主题上的见解十有八九是由于阿里斯托芬的《云》而形成的,而这部戏剧不仅将苏格拉底描述为一个智术师,而且还谴责了苏格拉底的可耻而又不诚实的行为。它是不受约束的与虚假的"讽刺文学"所带来的危险的一个实际例证。阿尼图斯恰恰并不是他自己所声称的那种正直诚实的典范。他曾经是一位将军,但在公元前409年,他无法阻止雅典失去皮洛斯。他受到了起诉的威胁,但他通过行贿让自己避免遭受起诉。或许是由于这个原因,他并没有指派自己来充当最重要的原告。

尽管阿尼图斯为这个案件提供了资金,但他将这个案件的公开陈述主要留给了一个被称为梅勒图斯(Meletus)的青年。他是一个宗教狂热分子,他乐于将"不虔诚"的罪名当作一根棍棒,打击他觉得缺乏正直的宗教激情的公共人物。他曾经参与了对安多喀德斯(Andocides)的控告,安多喀德斯是阿尔西比亚德在埃留西斯秘仪事件中的一个伙伴。梅勒图斯在那个场合中的演说被保留下来,这或许要归功于来自阿肯色州的一个美南浸信会的原教旨主义者。加入这次私人控告的第三方势力是一个被称为卢孔(Lycon)的人,我们对这个人一无所知,只知道苏格拉底声称他是一个"职业演说家"。总而言之,擅自决定指控苏格拉底的这个三人组无法给人留下深刻印象,他们是一批近乎蝼蚁的人。第欧根尼·拉尔修给出了这项指控,他或许抄录了那份在公元2世纪仍然被保留着的法庭文档,这项指控如下:

庇托斯人梅勒图斯的儿子梅勒图斯发誓对阿罗卑克人苏弗罗尼司库斯的儿子苏格拉底做出如下控诉。苏格拉底所犯的罪行首先是不崇敬城邦所崇敬的诸神,而且还引入了新的与不熟悉的宗教实践;其次是败坏青年。控告者要求给予的惩罚是死刑。

这种控告虽然或许会被我们评判为骇人听闻的,但在公元前5世纪的雅典并不会被视为非同寻常。在战争、政治或商业中惹人注目的杰出公民,很少能逃脱与法律的纠缠。许多杰出公民付出了生命的代价。以下是一些以某种方式遭受审查的名人或声名狼藉的人,而我的这份名单远远不是完整的。

克利斯提尼通常被视为雅典民主制的创立者,他被他的竞争对手伊萨格拉斯(Isagoras)控告与放逐。克利斯提尼随后又回到雅典东山再起,但他最后的岁月是一段空白,这大概是由于他再次被驱逐。客蒙不仅是一个获得了巨大成功的雅典政治家和将军,而且还是市政工程的推进者,他被控告收受贿赂,但被宣判无罪。两年以后,他被成功地放逐,在经过了四年的流放生涯之后,他不得不祈求雅典人允许他回到这座作为自己故乡的城市。伯里克利因贪污和欺诈而被起诉和审判。阿里斯特斯(Aristes)是极其成功的提洛同盟的创建者，他在公元前483年被放逐。提米斯托克利[1]是另一个极其成功的雅典政治家，他在公元前471年被排挤与放逐。写有他名字的陶片，要多于写有任何其他（大概）不受欢迎的雅典人的名字的陶片。但提米斯托克利转而成功地利用了这项法律来反对希帕科斯[2]、麦加克勒斯[3]、克桑提普斯和阿里斯提德。在伯里克利的圈子里，艺术家与建筑师菲狄亚斯被控告犯下了不虔诚的罪行并在装饰帕特农神庙时盗窃象牙。他死于监狱之中。阿那克萨戈拉同样被控告犯下了不虔诚的罪行，他在兰佩杜萨那里寻求庇护。普罗泰戈拉两次因政治指控而陷入困境。阿斯帕西娅也遭到了控告，但她被宣判无罪。戏剧家与诗人索福克勒斯同样遭受过不虔诚的指控。欧里庇得斯也曾经受到这样的指控。伯里克利与阿斯帕西娅的儿子（他也被称为伯里克利）在公元前406年的阿吉纽西战役之后被处死。其他遭遇了这种死于非命结局的著名雅典人有政治家厄菲阿尔

---

1 提米斯托克利（Themistocles，前524—前460），古希腊杰出的政治家和军事家，公元前493年至公元前492年任雅典执政官，为民主派代表人物。他力主扩建海军，并着手兴建比雷埃夫斯港及其连接雅典城的"长墙"，旨在抵御波斯帝国的侵略。后在萨拉米斯海战中大败波斯舰队，其个人声望和权力达到顶峰。雅典人害怕他成为军事独裁者，故通过陶片放逐法将其流放。提米斯托克利辗转逃亡，最终死于小亚细亚。——译者注
2 希帕科斯（Hipparchus，前555—前514），雅典僭主庇西特拉图（Pisistratos）之子，父亲死后，与其兄弟庇亚斯（Hippias）一起接替其父的僭主统治，公元前514年被雅典贵族暗杀身亡。——译者注
3 麦加克勒斯（Megacles），活跃于公元前6世纪中期，古希腊政治家，曾统治雅典，并因镇压民众而被放逐。后又返回雅典，不久又在政治斗争中失败被放逐，虽然他后来曾多次试图反击，但仍以失败而告终。古希腊历史学家希罗多德曾记述过他的事迹。——译者注

特，他在公元前461年被谋杀；蛊惑民心的政客克里昂，在安菲波利斯被杀；克里提亚斯两次被放逐并死于战斗之中；阿尔西比亚德被暗杀；尼西阿斯被处决，尽管他的处决是由雅典在叙拉古的敌人下令的。对学者的控告绝不局限于雅典。毕达哥拉斯为了逃命被迫从萨摩斯岛来到克罗顿城，后来他不得不退隐到麦塔庞顿。这种控告也并没有终止于公元前5世纪。亚里士多德被人以不虔诚的罪名加以控告，他自愿被流放，因为他"不希望雅典对哲学犯下第二次罪行"。

当然，雅典对哲学犯下的第一次罪行就是对苏格拉底的审判、定罪与苏格拉底之死。令人遗憾的是，我们拥有的并不是对这整个审判的完整描述，而是对苏格拉底的辩护、随后发生的事情以及苏格拉底之死的完整描述，只有这一次我们可以信任我们的信息来源。

对苏格拉底的审判与苏格拉底之死是古代重大的道德事件之一，实际上也是整个人类历史上重大的道德事件之一，尽管在某些方面，对它们的记录的丰富程度在古代是不常见的，但我们的信息仍然极度令人不满。实在令人感到遗憾的是，修昔底德在那时并非仍然活着，因而无法给予我们一种关于该事件的深思熟虑的、连续不断的、正确无误的与敏锐犀利的描述。作为替代，我们拥有的是柏拉图以他惯常的艺术才能（事实上，他在描述苏格拉底最后的几个小时时展现了无与伦比的天赋）撰写的四本书，但柏拉图通常会将真相、移情（将他的思想转移到苏格拉底身上）与他令人恼火的**根据自己职业的观点来审视事物的倾向**（*déformation professionelle*，这种倾向会将观念的重要性置于人物之前）结合起来。我们缺乏的是对这次审判的任何一般性描述以及柏拉图对此的想法。

柏拉图的第一本书是对话录《游叙弗伦篇》，柏拉图为这篇对话录设定的时间是在这次审判之前，苏格拉底在这篇对话录中突然认识到，他马上就要由于不虔诚而遭受审判，他意识到他并不相当确定不虔诚或就此而言的虔诚究竟意味着什么，于是他寻求相关的定义。就像通常的情况那样，苏格拉底为他自己的考察方法所挫败，他所表明的仅仅是，急于通过献祭来安抚或满足诸神的人们在无法解释这些虔诚行为的实际价值，无法解释诸神想要虔诚行为的原因时所出现的困惑与混乱。苏格拉底出于本能与理性就是一个一神论者，他可以相当完美地证明，人类的灵魂通过为神明提供一种在这个尘世上的纯粹而又有德行的生活，实际上已经取悦了那个全能的神明，而这种有德行的生活是唯一重要的献祭（这种献祭需要摒弃世俗的快感与所有形式的自我放纵）形式。不过，根据这条路线做出的论证只会让他为法庭上的对手所摆布，因此他并没有采纳这条论证路线。

接下来是《申辩篇》，据说它逐字逐句地回忆了苏格拉底在对他的审判中做出的辩护。柏拉图就在审判的现场，因此我们必然会假定，柏拉图在总体上精确地复述了这篇演说。《申辩篇》还包括了苏格拉底在以微弱多数被定罪之后所做的评论与他对死刑判决做出的回应，即根据他合法的权利提出一种替代性的惩罚。第三本书是苏格拉底在监狱中与他最亲密的朋友之一克力同的对话，克力同急于提供资金让苏格拉底能够逃脱死刑，并暂且在流放的状态下生活一段时间。这篇对话录给出了苏格拉底拒绝这个提议的理由，展示了他通过服从雅典的法律来维护雅典法律的尊严和主权的决心。

最后那本书是对苏格拉底生命中最后几个小时的描述，它包括了一个关于灵魂不朽与死亡本质的论证。接下来的内容则是苏格拉底喝下用来赎罪的毒药并进入了另一个世界。柏拉图并不在场，但他认识那些在场的人，他的描述具有真实性，它确实拥有真相发出的低沉雷鸣声。

　　缺乏修昔底德对这件事的描述（修昔底德对动机与历史背景的分析是无与伦比的），意味着苏格拉底的结局的某些方面将永远停留在神秘的状态之中。这次审判发生在公元前399年的春末或初夏，雅典在那时仍然由于三十僭主（这个卖国政府是由于斯巴达取得战争胜利并占据了雅典才得以成立的）时期的残酷与血腥的事件而有所动摇。一千五百个杰出的公民被这个残暴的政权杀害，他们不仅在雅典所有男性市民中占据重要比例，而且在那些积极参与公共生活的人们中间还占据了更高的比例。尽管在这次审判的时候民主制与法治已经恢复了三年，法庭仍然充塞着三十僭主时期的极端事件所引发的诉讼，包括没收财产以及丧失和恢复公民权。令人诧异的是，在这种环境下，这样一个必定会被许多人视为毫无意义的控告竟然被允许继续进行。令人遗憾的是，在雅典的民主制中没有首席检察官。在英国与美国，州首席检察长这个公职有权否决被他裁定为违反公共利益的法律程序。类似地，在雅典的法庭上没有主审法官，而英国与美国的主审法官在聆听起诉的案件之后，能够将那些被判定为没有正当理由、没有价值与前后不融贯的案件否决。对苏格拉底这起案件的任何考察，都注定要揭露出雅典法律体系的巨大缺陷。

　　这很有可能也是苏格拉底的观点。但他的立场始终是，作为一个雅典的公民，他完全服从法律并不得不遵守法律。在许多场合下他都说过："我感谢神将我造就为一个不同于女人的男人，一个不同于野蛮人的希腊人，一个不同于外邦人的雅典人。"他对雅典的热爱是无穷无尽的，他赋予自由地行走在雅典街道与自由地和雅典民众谈话的价值，是他的生命以及他所有的行动的源泉。他不能没有这种自由，因此他永远也不会考虑被放逐这一备选项。雅典对苏格拉底来说就是生命。

因此，苏格拉底接受了对他的审判，并将之作为雅典的法律与民主完全有效的表现。许多人期待他在审判前消失并走出这个城邦。但那种做法对他来说是无法想象的。苏格拉底并没有做任何准备。他没有咨询任何精通法律的人，他也没有雇佣任何人来为他说话。他以前的修辞学导师狄奥蒂玛已经去世。阿斯帕西娅是他的另一位朋友和有说服力的修辞学专家，即便她已经上了年纪，但她或许还活着，不过没有证据表明，她仍然是苏格拉底生活的一部分。他没有采纳任何为我们所知的劝告。我们不得不接受的是，苏格拉底是真正的谦逊与固执的骄傲的奇特混合体。他从未主张自己拥有知识或美德。另一方面，恰如他相信正义一样，他不会让他自己不公正。他相信自己拥有一个来自神明的使命，这个使命是考察民众与改善民众。在这个地球上的任何力量，任何要剥夺他的自由或生命的威胁，都无法让他偏离对神明所规定的目的的追求。

这个审判的环境对苏格拉底是不利的。他不得不对陪审团的五百名成员进行露天演说，聆听他演说的人数由于一大群旁观者而有所增加，这些旁观者是由他的朋友与那些纯粹是好奇，而没有更好的事情可做的人组成的。我们在21世纪早期必须做的最困难的事情之一是，将我们自己带回到两千五百年前，回到一座其人口并不多于十五万人的城市，这座城市拥有宏大的文化主张与政治主张，但在许多方面普遍持有的是中等规模的地方城镇的狭隘见解。绝大多数雅典人认识彼此，至少见过面。知识被谣言、传闻、迷信与偏见添加了特殊的风味。绝大多数雅典的民众都听说过苏格拉底，许多雅典人都见过苏格拉底在闲逛。他被认为是"聪明的"。正如苏格拉底自己不止一次做出的评论，雅典人并不会仅仅由于一个人是聪明的就去喜欢这个人。聪明即便确实不是一个用来辱骂的词语，至少也是一个可疑的词语。苏格拉底是聪明的，难道不是吗？那么为什么他几乎衣衫褴褛地光着脚在那里闲逛呢？难道不是有某些事不对劲吗？

从实际的条件来看，我们必须试着想象苏格拉底在19世纪第三季度的市镇会议上发表演说。这个会议的主题是死刑，人类的生命在理论上处于险境之中，但或许什么都不会发生。它在其他方面就是日常的事务，没有什么特别的东西。苏格拉底过去时常与人们交谈，但他总是在由一小群人组成的集会上与人们交谈。他没有一个老练的演说家所具有的有力嗓音。我曾经在一个由来自世界各地的五百人或更多人组成的集会上发表演说，我没有遇到任何问题。但我在那时一直都在使用扩音器。苏格拉底所拥有的仅仅是他自己的嗓音。他也不曾在埃皮达鲁斯剧场（它拥有极好的音响效果）上演说过，而仅仅在那些不舒适的露天场所（它们位于雅典卫城布满灰尘的角落里）发表过演说。

他的听众大致可以分为三个部分。第一部分听众了解苏格拉底，事实上曾经与他有过会面并与他进行过交谈，他们知道苏格拉底说了什么——以及苏格拉底没有说过什么——他们觉得在苏格拉底身上没有什么有害的东西。他们会投票支持宣判他无罪，而几乎不管法庭上的诉讼程序。另外三分之一的陪审员也了解或听说过苏格拉底，但他们对他的了解并不深。他们曾经看过或了解阿里斯托芬关于苏格拉底的戏剧《云》，这部戏剧在二十五年前首次演出，但或许不时会重新流行起来。它的敌意与谎言创造了针对苏格拉底的持久偏见，这种偏见将苏格拉底当作一个令人讨厌的麻烦制造者。苏格拉底非常聪明：是的，他确实非常聪明。还有其他的戏剧在攻击苏格拉底，其中就包括了一部完整的喜剧，它的文本已经消失了。这些就是毁谤，而且多年以来，大量这样的毁谤一直被某些人朝苏格拉底所在的方向扔过去。陪审团的第三部分人极有可能对苏格拉底没有任何看法。但他们或许不喜欢他，因为苏格拉底是"聪明的"，或被普遍认为是聪明的。当法庭拥有如此众多真正重要的案件要处理的时候，为什么苏格拉底会如此重要，以至于占据了法庭的注意力呢？这些人不会努力地去聆听，无论如何，听懂苏格拉底所说的一切显然并不容易：他多次抱怨被人们打断。

　　苏格拉底的辩护内容既不打算赢得那些对他有偏见的人的支持，又不打算吸引那些无动于衷的人。苏格拉底最强有力的论证优势——一种迂回而又有力的敏锐——无法对大量听众发挥作用。他惯常的反讽特征肯定是一种不利条件。职业辩护律师肯定会推荐给他的最佳策略是，提供一系列拥有无可挑剔品性的证人来做出以下这两个证明：第一，他遵守雅典宗教的公开形式；第二，他对他们的教导方式，让他们对道德公民原则产生了强烈的热爱之情。这或许不难做到。但苏格拉底不会这么去做。这违背了他的原则，因为这对于在这半个世纪以来,他在自己人生最好的那段时间里试图去做的事情给出了一个具有误导性的见解。他对公开信奉宗教一点都不感兴趣,他感兴趣的是宗教内部的内容。他也没有对青年(或更年长的人)讲授公民道德或其他任何东西。他的目标是通过他的考察方法去帮助民众,而不是去对民众讲授道德——他教导民众独立思考。

苏格拉底企图对那个迟钝的群众陪审团解释他试图去做的事情,他的这个尝试在以下这两方面是危险的。第一,这需要告诉他们他内心的来自神明的声音的相关情况,这种声音命令他按照他理解的方式来从事哲学。这本身足以证明他不是无神论者。他对梅勒图斯的反诘所导出的结论是,这个年轻的狂热分子控告他的罪名实际上是无神论,就此而言,这个控告的第一部分被驳倒了。但陪审员或许没有对这一点产生多少兴趣。让他们留下深刻印象的是苏格拉底断定自己受到了一种来自神明的特殊命令的指引,而这对苏格拉底来说远非有利。没有这种经历的普通人,不喜欢得知某些人断定自己与神明拥有私人的沟通途径。他们察觉到了傲慢与自负。他们觉得,这种人有可能公开地自欺欺人,特别是就像苏格拉底在他的辩护中似乎表述的那样,这个特殊的神圣声音对他下达了优先于其他任何事物的命令,这或许也包括优先于公民所信奉神祇的常规命令。实际上,苏格拉底在这里显得确证了以下这个控告,即他创造了一个或一些特别专注于他的新神,并用新神取代了雅典在传统上尊奉的诸神。

第二,更糟糕的是,苏格拉底坚持主张要重新挖出德尔菲女祭司所讲述的那个古老传说,这个女祭司宣称,在雅典没有人比苏格拉底更有智慧。某些陪审员或许已经听过这个传说。其他的陪审员则没有听过。但这两群陪审员不仅有可能，而且大概率会感到震惊的是，苏格拉底竟然会在对他进行审判的背景下提到这个传说。他们再次察觉到了傲慢自大与毫不在意的迹象。当然，对于我们这些多亏了柏拉图而能够追随苏格拉底一连串完整思想的人来说，苏格拉底提及这个神谕的目标是清晰的，甚至是令人钦佩的。它是苏格拉底的整个哲学的核心。至少苏格拉底意识到了他自己在知识上的贫乏。他向雅典的陪审员描述的是他的这样一个尝试，即试图探究他的雅典同胞的心智，以便于发现他们是否拥有任何智慧，以及他们是否意识到他们并不拥有任何智慧，在这么做的过程中，他事实上试图捍卫的是那个启发了女祭司的神拥有真理的声誉。苏格拉底的结论是，女祭司归根到底说出了真理，因为他**知道**自己并不拥有任何智慧，他承认自己的无知，这让他在雅典变得独一无二，而且在这个范围内，他独一无二地坦白与承认了他的这个可悲的缺失，这让他比他的雅典同胞都更为聪明，后者认为他们自己知道的东西，远远多于他们实际上知道的东西。但这个论证的微妙性与反讽性极大地超出了他的绝大多数听众的理解范围，他们或许认为，苏格拉底只不过发现了一种拐弯抹角地赞扬他自己的新方式。毫无疑问，这都很清楚，让他见鬼去吧！因此，苏格拉底是雅典最聪明的人，难道不是吗？那好吧：雅典的陪审团会表明他们将**那个**论断理解成了什么。

　　苏格拉底的某些聆听了他的这个辩护的朋友必定会眉头一皱，因为苏格拉底由于自己的坦率，由于他事实上用最危险的装束即反讽来包装他的辩护，而干了对他的敌人有利的事情。然而，不管人们对苏格拉底这个不恰当的辩护说了些什么，导致有罪判决的原因或许与此无关。导致定罪的重点是这两个名字：克里提亚斯与阿尔西比亚德。他们是两个遭受憎恶的人物。阿尔西比亚德是富有的、英俊的、鲁莽的、一心想着要吹牛与做出冒失无礼的行为，他像魔鬼一样傲慢，拥有巨大的吸引力，而且他的邪恶是无穷无尽的。他让雅典处于自己的支配之下，接下来则将雅典导向在它的漫长历史中最具灾难性的军事冒险活动。他用邪恶与幼稚的方式亵渎了雅典私人宗教最神圣的狂热崇拜埃留西斯密仪，并因此受到谴责，他逃到斯巴达人那里，成为雅典的叛徒，而且他还向雅典的敌人提供了如何成功地攻击她的建议。阿尔西比亚德获得了赦免并恢复了职务，他获得过某些成功，但再度遭遇失败，他又一次成为可疑分子并被放逐，在这次放逐期间，波斯人与斯巴达人合谋杀害了阿尔西比亚德。

克里提亚斯出生于公元前460年，他比阿尔西比亚德年长十岁，在阿尔西比亚德做出的某些反对宗教与政治的功绩中，他是阿尔西比亚德的追随者与盟友。克里提亚斯是一个作家、诗人与剧作家，他的某些作品一度被归于欧里庇得斯，但后来消失了。阿尔西比亚德就其本性而言是一个民主主义者与平民主义者，而克里提亚斯是一个珍视他的贵族关系的精英主义者，当公元前404年雅典向斯巴达投降时，他回到雅典，成为拥护斯巴达的三十僭主的强烈支持者，并在他们的暴行中扮演了一个引人注目的角色。在色诺芬的描述中，克里提亚斯是三十僭主中的极端分子的领袖，在孤注一掷地想要延长这个政权的努力尝试中，他在公元前403年春与民主派进行战斗时被杀。

在公元前399年，阿尔西比亚德与克里提亚斯是雅典最受憎恶的两个名字。但他们都已经死去，雅典人无法进一步做任何事情来亲自对这两个人实施报复。此外，尽管这两个人的盟友（特别是克里提亚斯的盟友）不仅仍然活着，而且还处于自由的状态之中，但他们受到了阿尼图斯与其他温和的民主派在公元前403年通过的大赦法案的保护，这些温和的民主派这么做是为了治愈创伤并让他们城市已经破碎的政治共识重新凝聚起来。或许恰恰是由于大赦法案所发挥的约束作用，阿尼图斯在他这个阵营的压力下要去寻找一个牺牲品，人们能够将克里提亚斯与阿尔西比亚德的罪行归咎于这个牺牲品，并相应地对他做出惩罚。因此，他决定攻击苏格拉底并资助对苏格拉底的控告。

苏格拉底并没有参与在公元前404年至公元前403年间发生的诸多事件，因此他不受大赦法案的保护。他所做的是（或人们广泛相信他所做的是）教导克里提亚斯与阿尔西比亚德，让他们了解在阿里斯托芬的《云》中被归于苏格拉底的那种不虔诚与不道德的观念，或更糟糕的是，他播撒了邪恶的种子，这些种子最终产生了叛国与大规模屠杀的邪恶果实。我确信，这就是直接导致控告苏格拉底的思路。这两个遭受憎恶的人物是否曾经在任何常规的意义上是他的学生，这是值得怀疑的。但他们有时与苏格拉底处于友好的关系之中，而阿尔西比亚德曾经公开炫耀他对苏格拉底与其智慧的钦佩之情。克里提亚斯的家族与柏拉图有关联，而柏拉图在那时是苏格拉底著名的学生，可以轻易表明，或至少人们普遍相信，克里提亚斯始终是苏格拉底的朋友。

我们在这里遇到了苏格拉底不愿参与政治活动所产生的另一

个致命后果。除了私下在亲密的朋友中间，苏格拉底从未评论过雅典的政治与她的统治者。就记录下来的文字而言，关于伯里克利与他的政权，他并没有说过任何支持与反对的话语。他既不支持也不谴责伯罗奔尼撒战争。他并没有讨论过阿尔西比亚德的不节制，没有称赞过他取得的胜利，或谴责过他的荒唐行为与失败。在我们所知道的范围内，他并没有对雅典的衰落与三十僭主残暴的政权做过任何公开的评论。但有一件事本身就说明了一切：他在那些可怕的岁月里选择留在雅典。他确实拒绝参与杀害莱昂。但他接下来回家并在家中等待相应的惩罚，而不是逃离城邦并加入民主派的抵抗活动，这个事实或许会让人们对他产生偏见。几乎很少有人能够理解苏格拉底对这座城市的街道所投注热情的本质，即便这些街道染上了这座城市公民的鲜血。

因此可以说，苏格拉底是历史上第一个在正规的审判中由于交往的过失而沦为牺牲品的人。他曾经是克里提亚斯与阿尔西比亚德的一个朋友，尽管他否认自己曾经教导过这两个人，但他不会为了让法庭满意而否认这种友谊。因此他被判定有罪。考虑到陪审员的数量，这是一个通过微弱多数得出的判决。总共有二百八十个陪审员投票支持定罪，二百二十个陪审员投票支持宣告无罪：前者比后者多了六十票。根据雅典的法律，被指控的人如今享有的权利是提出另一种刑罚来替代三个控告者所要求的死刑。对于那些无论如何都不是非常了解苏格拉底的人来说，他们普遍认为，苏格拉底会提议对他自己实施放逐。但由于两个理由，这对苏格拉底来说是不可接受的。第一，这意味着要离开雅典。而在他看来，这是一种比死亡更严重的惩罚。第二，在苏格拉底看来，提出一个法庭会接受的替代性的惩罚建议——放逐肯定是法庭会接受的建议——这似乎首先就承认了这个判决与控告他的整个过程是公正的。

相反，苏格拉底无疑反对他朋友提出的建议——倘若他曾经向他们做过咨询的话——他做出了一个违背这些建议的挑衅性辩护。这种辩护对他有两大吸引力。第一，它坚持了苏格拉底的这个立场：他的哲学有助于包括青年在内的雅典公民，它会为他出生的这座城市带来积极的好处，这应当得到嘉奖，而不是受到惩罚。第二，这个大胆的回复是绝妙反讽的一个组成部分，它或许是以苏格拉底习惯的类似喜剧的腔调表达出来的。苏格拉底提议，基于他的工作为雅典带来的好处，他就应当获得类似于奥林匹克运动会的胜利者或某些为这座城市提供了杰出服务的将军、海军将领与政治家的待遇，奖励他在市政厅的庆功桌上免费就餐——并且应当终生授予他这项罕见的特权。

这个提议意在引起震惊，而且确实引起了震惊，但主要是引起了他的支持者的震惊。这看起来表明了苏格拉底对这个法庭与它的判决的蔑视。在对他们狂热的迹象做出回应的过程中，苏格拉底改变了方针。他就惩罚给出了一个相反的建议。他说，他会交付一**米纳**罚款，而这也是他拥有的全部财产。他补充说，他确信他的朋友会愿意为数额更大的罚款提供担保，倘若法庭觉得这是合适的，他们提议的数额是三十**米纳**。这个数额似乎是苏格拉底不假思索想出来的，但它并非微不足道。他知道，**一米纳**可以在集市上出售新手稿的商店中买到一部制作精良的戏剧、史书或荷马史诗的手稿。三十**米纳**可以成为一个中产阶级新娘的一份充足的嫁妆。但这样的罚款通常不会被认为是对死刑的严肃备选项，而那个关于**一米纳**罚款的提议看起来似乎就是一种侮辱，就像他那个带有讽刺意味地主张自己应当永远在公共餐桌上拥有一席之地的要求一样。

苏格拉底在处理对他的审判的这个部分时做出了极其严重的错误判断，在绝大多数人看来，这即便不是无礼的，也是轻率的。这个错误在支持他判决的票数上有所反映。八十个陪审员迅速地将他们的投票从苏格拉底那里转向了他的控告者，他被数量大为增加的大多数陪审员宣判了死刑——三百六十票支持对一百四十票反对。即便苏格拉底对雅典人在反对他的意见上表现出来的摇摆感到不安，他也没有给出明显的迹象。在对他进行审判的漫长日子里，他的行为自始至终都是镇定的与轻松的。苏格拉底按照他所呼唤的那种人应当去做的方式来行动，并以哲学的方式承受了他的挫败。他接下来拥有充裕的时间来反思他的智慧或他缺乏的智慧。根据雅典的习惯法，死刑判决必须在宣布之后的第二天执行。另一方面，在朝圣仪式的那段时间里不允许执行任何死刑。朝圣仪式在这次审判的前一天就开始了，它是对雅典的拯救者忒修斯的年度纪念活动，这次活动通过派遣一艘前往提洛岛阿波罗神庙的朝圣大船而延续了那个虔诚的神话。直到这艘船返回雅典为止，雅典始终处于朝圣的状态，苏格拉底的死刑就得到了缓期执行。

苏格拉底富有的朋友克力同向法庭提议，经过他的担保，让苏格拉底保持自由，直到朝圣大船返回雅典。但法庭拒绝了这个提议。相反，苏格拉底被关入这座城市的监狱，并在夜间被加上脚镣以防逃跑。这种强加给一个光荣地在战争中为雅典服务，并在任何意义上都不会对公共和平构成威胁的七十岁老人的侮辱，给我们留下了一种残忍的深刻印象。但这就是残忍的时期。战争中的挫败，斯巴达的占领，三十僭主所强加的恐怖，以及赶走三十僭主的一段内战，已经让这座平素自信而又温和的城市陷入了深深的意志消沉之中。将他们最著名的哲学家锁在铁链之中，作为处决他的前奏，这表明一场心理的危机已经笼罩了这座曾经如此骄傲的城市，并让它处于仇恨、自责与图谋报复的状态之中。公正地说，人们必定会回想到，雅典的绝大多数家庭在过去的三四年间都遭受过暴力，他们仍然在哀悼被杀害的父亲、兄弟或儿子。这种气氛是不加掩饰的、苦涩的与残酷无情的，只有在这种难以和解的道德氛围下，这个文明世界的首都才会犯下亚里士多德所说的"对哲学的罪行"。

尽管如此，让苏格拉底处于被监禁状态并在夜间加上锁链的官方决定仍有所缓和，他们允许苏格拉底在白天可以见到数量不受限制的来访者。在城邦之内与之外的许多人利用这个机会来探视这位如今已经在死亡阴影之下的著名先知并与之谈话。逆风让朝圣的大船耽搁了一个月之久，苏格拉底以最让他自己高兴的方式度过了这一段时间——向他尊敬与喜爱的人追问和谈论重要的事物：美德、智慧、灵魂与死亡。

他还做了其他的一些事情。他撰写了诗歌。他谱写了一首献给阿波罗的赞歌或赞美诗。他将伊索的某些寓言改写成了诗歌。苏格拉底解释了他在这个原本一直不相干的领域中做出这些努力的原因。他说，他经常有这样一个梦境，他在这个梦境中似乎被命令去"练习音乐"。他始终将这个命令的意思理解为"从事哲学"。但这个梦境再次出现，由于他无法在监狱中践行他的那种哲学，他觉得或许他的梦境如今应当按照更加字面的意思来加以理解：用话语来制造音乐。

事实上，正如所有读过柏拉图对苏格拉底最后日子的描述的人都知道的，在监狱中并非不可能进行哲学思考。正相反，在被监禁的那段时期里，苏格拉底的思想与他的表达能力达到了它们的顶峰。这就好像施加于他肉体之上的有形束缚，由于他所热爱的那种悖论而将他的心智与灵魂释放到了一种他先前从不知道的自由之中。他的思维比以前更加清晰与烁烁生辉，他的表达呈现出了一种美，幸运的是，柏拉图拥有表达这种美的天赋。我们不可以假定，我们无论如何都能在译文中享受到这些效果的全部荣耀。古希腊语是一门迷人的语言，书面语与口语都是如此。就像古希伯来语一样，古希腊语拥有它自己的低音和泛音、回声和旋律，它们不仅表现了说希腊语的非凡人物的诸多独特天赋，而且还让这些天赋形成了有趣的对比。我们在西方文明中珍视的最有价值的东西，最终都可以追溯到希腊与希伯来的词汇以及它们的活跃而又引起共鸣的意义。苏格拉底在他最后的日子里用这种智识魔法完整地表现了这种特有的希腊要素。他所讲述的希腊语同时既是散文又是诗歌。此外，如此漫长地在希腊胸怀中养育而成的哲学仿佛首次找到了它本真的声音，它为了让未来所有的世代听到这种声音而大声说话。

在监狱中即将为表达他意见的权利而死的苏格拉底，是一种永恒的哲学形象。它激发了柏拉图的想象力，并让柏拉图展示出了他的全部能力。多亏了这些能力，它自此以后就激发了所有关注思想的重要性与穿透力的人的想象力。这个在死亡前夕思考的义人的压倒一切的有力视觉形象，成为哲学的人类化身的原型。所有未来的哲学家在某种意义上都将被迫与这个形象竞争并顺服于这个形象。

苏格拉底生命的最后一幕有一个前奏，它与克力同的对话有关。克力同在那时是苏格拉底最忠实与最亲密的朋友，他前来探望被监禁的苏格拉底，并提议了一种逃跑的办法。这种办法或许并不难，克力同会为之提供资助。他说，苏格拉底为了他的孩子就应当采纳这个计划。正如我们会预料到的，这个老人拒绝了这个计划，尽管就像我们同样会预料到的，他是以谦和而又有耐心的方式拒斥这个计划的。（研究苏格拉底最令人愉快的一个方面是，我们从来也不会在他说话的语调中察觉到任何尖刻或急躁的武断强调，更不用说令人恼怒的东西了。）苏格拉底抓住了这个机会来解释哲学与法律的真实关系。

　　苏格拉底始终觉得他注定要完成他的使命。这不仅是他对神的职责，而且也是他的乐趣与他生存的意义。不知道为什么，按照某些人的理解，这项使命与法律处于冲突之中——他遭到了控告。在他的辩护中，他无法消解这种冲突并澄清那些必定是误解的东西。因此他被判处死刑。即便是反复死亡，也要好过忽略职责，后面这种做法显然无可争辩是错误的。对神的服从要优先于任何法律，不管这种法律有多么公正。但这并不是要去公然对抗法律，而仅仅是接受服从更高法律的后果，甚至要接受死亡。这导向了第二个要点。在苏格拉底的整个人生中，他出生、成长与生活于雅典法律的支配之下。他已经反复选择了接受雅典的法律。他将雅典视为这个世界上最好的生活场所，而雅典始终为他提供了完成他人生使命的完美环境。他热爱雅典的民众连同他们所有的缺陷，热爱雅典的街道与雅典人的贸易买卖，热爱雅典的公共场所。雅典的政府始终是不完美的，经常会表现出严重的疏失，有时则是极其不公正的。但这就是苏格拉底为之战斗的城邦,他紧密地归属于这个城邦。每个人,甚至是哲学家,都不得不接受他们居住地的法规。就苏格拉底的情况而言,这种规则与他更高的使命存在着冲突。结果是苏格拉底被判处死刑。苏格拉底认为对他的定罪是错误的,对他的判决是不公正的。但通过行贿来试图逃避,这就会成为一种更大的不义行为,就会成为一种他永远都不会去做的无可争辩和毋庸置疑的不公正行为。倘若就像他相信的那样,他是不公正的受害者,那么做出一个甚至更大的不公正行为(之所以是更大的不公正行为,因为他知道这是不公正的),又怎么能纠正这种不公正呢?苏格拉底一生的指导原则是,不义的行为永远不可能证明,在对它的回应中进一步做出的不义行为是合理的。远比屈从于不公正更好的是这样一种希望与充满信心的期待:人们迟早会逐渐看到这是不公正的,并且会因为他在承受不公正时表现出的坚毅品质而珍视对他的回忆。

《克力同篇》的对话关注的是法规与它的至高权威。最后那篇对话录是《裴多篇》,它是以苏格拉底最亲密的追随者之一的名字(在苏格拉底生命的最后几个小时里与他待在一起)来命名的,它关注的是死亡与不朽的灵魂。它是柏拉图最优秀的作品,它唤起的是苏格拉底错综复杂的才智的所有储备力量与古希腊语的精妙和美好。它是在黎明后不久开始的,怀里抱着苏格拉底第三个儿子的克珊西普在那时离开了囚室,她明显在监狱中度过了一个夜晚。除了他自己的母亲,柏拉图对作为个人的女性(对立于作为理念的女性)并没有太多兴趣,因此他没有告知我们,克珊西普对苏格拉底的这个困境有什么想法或她给予苏格拉底的建议是什么。苏格拉底毫无疑问爱着克珊西普，她也爱着他，那个年幼的孩子就是这种爱的证据。苏格拉底让克珊西普易受攻击，得不到供养，这是他遵守他的诸多原则所付出的部分代价。但正如苏格拉底对自己所做的宽慰，他拥有许多忠诚的朋友，某些朋友的财富是丰裕的。这种推测是徒劳的。苏格拉底已经从他夜间的镣铐中解脱出来，当他戴着镣铐的肌肉重新恢复活力，他反思的是释放的快乐如此紧密地关联于束缚的痛苦，实际上前者就是由后者导致的，这是不时打断并装饰我们生活的那种永恒对立的一个实例，而这种对立为我们的生命赋予了运动、多样性与丰富性。

　　这些人——他们是一群苏格拉底的亲密追随者和仰慕者，某些人来自城邦之外——接下来开始着手讨论的是支配了苏格拉底最后几个小时时间的最终问题：死亡与紧随死亡之后发生的事情，或死亡、肉体的消失与灵魂在为它准备的地方的存活。苏格拉底作为哲学家的巨大优点恰恰是，他始终专注于对我们来说最重要的东西。当然，人们有兴趣想要知道，倘若有什么东西触发了这个宇宙的运动，那么这种东西是什么，从爱因斯坦的广义相对论中可以推断出什么，是否存在反物质这样的事物，以及思辨探究与实验探究的其他对象。这些问题或类似的问题让公元前399年的希腊人感兴趣，正如它们让今日的我们感兴趣一样。但在那时真正重要并在如今也重要的一个问题是人类的生存不可逃避的一个事实：死亡与紧随死亡之后发生的事情。尽管有医生和科学家、心理学家、诗人、画家、音乐家和其他富有想象力天赋的创作者做出的所有这些努力，死亡对于如今的我们来说仍然是一个巨大的秘密，就像它对两千五百年前的苏格拉底的同时代人来说是巨大的秘密一样。对于死亡的认知，我们一直以来都没有前进一厘米。我们关于来生的理解（倘若存在来生的话）也不再是生动的。这种理解或许显得更为含糊不清。但多亏了苏格拉底——以及记录苏格拉底话语的柏拉图——我们至少已经学到，倘若我们做出选择，我们就可以用稳重、勇敢与有尊严的方式来接近死亡与未知的未来。

苏格拉底告诉那些聆听他说话的人们，真正的哲学家没有任何对死亡的畏惧或抵制死亡的愿望，因为他愿意将死亡当作对他努力为之而生的那些原则的肯定。他用哲学家所意指的仅仅是那些渴望以明智的方式生活与行动的人，他们知道在死后，公正之人的灵魂将受到神明的照顾，神明最重视的就是公正，因此他将确保死者仍然活着的灵魂获得慰藉与安全。因此，不应当畏惧死亡，而是应当乐于接受死亡，并将之作为我们尘世生命的自然终止与某种具有无限荣耀的事物的开始。

接下来是对苏格拉底的如下坚定信念的一个论战性辩护：灵魂确实是不朽的，它在肉体腐烂之后会留存下来。这段文字由于柏拉图生拉硬扯地坚持将他的形式理论强加于这个（我们假定）不情愿卷入该理论的苏格拉底而有所败坏。但这是一个并不重要的细节，因为苏格拉底对灵魂的存续、对等待着公正者的灵魂的情感丰富性、智识丰富性与精神丰富性的信心是如此镇定、安详、纯粹与威严，以至于可以支撑住在它之前的一切事物。苏格拉底并非必定清除了对于灵魂不朽与死后生命抱有怀疑的人心中的所有疑虑。然而，他所做的恰恰是说服我们相信他自己对于这两者的信念，说服我们相信他自己在接近离开这个世界并进入未知世界时所抱持的坚定不移的态度。

在我看来，苏格拉底一生最重要的教训是，根据你最好的知识公正地行动，这会给你带来某种程度的勇气，天生的或经过训练产生的英勇是不可能与这种勇气相媲美的。倘若苏格拉底拥有一种独特的美德，这种美德就是勇气，他的这种勇气在从战场、法庭直到他遭受死刑判决的最后几个小时的各种环境下都有所表现。多亏了他对不朽灵魂与在肉身离世之后等待着灵魂的生活所做的深刻论证——这些论证表达了他自己在总体上的内心信念——苏格拉底自己的精神在他最后几个小时的时间里越来越往上攀升，直到死亡即将来临为止，它们溢出了一道巨大、稳定、丰足的乐观与期待之泉。他欣然接受了死亡，他没有将死亡当作一种惩罚，而是将之当作一种奖赏。它让他的整个人生达到极致，为他的整个人生赋予桂冠，赐予祝福，并使之烁烁生辉。

随着傍晚的降临，这次讨论自然行将结束，狱卒前来宣布苏格拉底如今必须服毒。雅典民主制的一个原则恰恰是，经过自由投票的法律必须由公民以自由的方式加以服从，甚至是死刑也尤其要以这样的方式加以服从，死刑必须要由被宣判的人来加以执行，他将被要求吞下毒药。这种毒药是由毒芹制成的，尽管柏拉图并没有明确地这么说，相较于对有毒植物的简单蒸馏，这种混合物或许可以更为确定地让死亡来得迅速、确定与没有痛苦。那个狱卒忍不住告诉在场的人说，苏格拉底是在他羁押过的囚徒之中最高贵、最温和与最勇敢的人，狱卒显然为他不得不去做的工作而感到忧伤，而这种忧伤或许是对这位先知的可爱天性的最引人注目的致敬，是对任何足够幸运地熟识苏格拉底的人的最引人注目的致敬。

在服下毒药之前，苏格拉底洗了个澡，并再次向他那个家庭的孩子与妻子告别。"他当着克力同的面与他们交谈,"柏拉图说,"并对他们给出了完成他遗愿的指示。"接下来苏格拉底又重新加入他的朋友之中,随后狱卒带着一杯毒药向他走来。苏格拉底说:"好吧,我的朋友,你已经习惯于这些事情了——我该怎么做?""只要喝下去就行,先生,然后站起来行走,直到你感到两腿发沉。到了这个时候你就躺下,毒药将会发挥它的作用。"他将杯子递给苏格拉底,苏格拉底满不在乎地接过了杯子,没有任何颤栗或脸色与表情的变化。他问道,他是否可以用毒药来祭酒(一种对神的供奉),但那个狱卒说,酒杯里包含的仅仅是足以达成它目的的剂量。"好吧,"苏格拉底说,"但我仍然能祈求,我离开这个世界是有益的。这就是我的祈祷,我希望准许我做出这样的祈祷。"说完这些话,他一大口喝下了那杯毒药,他相当冷静,没有任何抵触的迹象。

就在这个时刻,他的那些渴望展现自制的朋友们也开始流泪。克力同为了让自己平静下来而离开了房间。阿波罗多洛(Apollodorus)原本就一直在哭泣,此刻则在情感爆发中嚎啕大哭,他让屋子里其余的每一个人都开始哭泣,而苏格拉底亲自劝阻他们说:"人们做出这样的举止有多么糟糕啊!我把我的女人送走,就是为了防止出现这种场景。我打算在虔诚的寂静中死去,现在你们的眼泪使我成了一个笑话!让我们平静而又勇敢地祈祷吧。"在两千年之后，当伟大的自由派政治家W. E.格莱斯顿[1]在1894年对他的第四届内阁（这也是他的最后一届内阁）宣布，他已经辞去了首相的职务并终结了他超过六十年的政治生涯，来自各方的人都流下了眼泪，格莱斯顿不仅没有哭而且还对此加以嘲弄，将他们称为"我的这个大声哭泣的内阁"。苏格拉底并没有提到"我的这个大声哭泣的死亡场景"。相反，他来回踱步了一段时间，直到他说："我要躺下，我的腿发沉。"他就像带来毒药的狱卒所建议的那样躺了下来。接下来，那个人检查了他的腿和脚，他用力掐苏格拉底的脚，并问他是否有感觉。苏格拉底说没有感觉。那个人接下来掐苏格拉底的腿，并逐渐往上移到苏格拉底身体的中心部位，他发现苏格拉底的身体正在变得冰冷与僵硬。他告诉这些旁观者说："当苏格拉底的心脏变得僵硬时，苏格拉底的生命就结束了。"

然而，这个老人突然揭开了置于他脸上的遮盖物，并清晰地说道："克力同，我们应当向阿斯克勒庇俄斯供奉一只公鸡。不要忘了去这么做。"这就是他最后的话语。某些早期的基督教作家援引这些话语来作为证明苏格拉底无可救药地信奉异教的证据：他在临终之时想到的是向医药之神供奉这种幼稚的献祭。事实上，这更多的是苏格拉底爱开玩笑与反讽的迹象。他渴望感谢神让他得以从苦恼的人生稳妥地转向安详的死亡，"为阿斯克勒庇俄斯供奉一只公鸡"是他表达这种感激的滑稽方式。因此苏格拉底带着微笑离开了这个世界。

1　W. E.格莱斯顿（W. E. Gladstone, 1809—1898），英国著名政治家，曾作为自由党人四次出任英国首相。格莱斯顿是美国总统伍德罗·威尔逊的偶像，被誉为英国最伟大的首相之一。——译者注

第七章　苏格拉底与哲学的化身

185　　就他的影响而言，苏格拉底在所有的哲学家中是最重要的。他提供了人类理智的某些基本装备，特别是存在于人们探讨和做出道德选择方式中的理智的某些基本装备，以及存在于道德选择在此生与来世造成的诸多结果中的理智的某些基本装备。

　　苏格拉底并没有完全废除掉古希腊异教怪诞的多神论，伴随着这种多神论的是与人类相似的男女诸神，它的诸多与神相似的英雄被尊奉为神，以及他们所有那些被改编为故事与诗歌的争斗、偏袒、魔法、神迹与干预。诸神甚至在苏格拉底的有生之年里就在迅速地消逝，而苏格拉底总是温和地对待其他人的迷信，他并没有正面攻击这种迷信。他所做的是致力于让一种凌驾一切的神圣力量，即一个渗透万物并主宰宇宙的神的存在更加具有实质性。这种巨大的简化让他有可能构造一个直接的、似乎合理的、可行的与令人满意的伦理体系。

186　　苏格拉底做到这一点的方式是，在肉体与灵魂之间做出一个绝对的区分。肉体是欲望、嗜好、快感与欢悦的来源。它代表的是人的动物本性、他的物质存在与他的热望和快感，它们既是正常的，又是有害的。没有这种肉体，人类就什么都不是，而且无法做任何事；他们需要的这种肉体是重要的、有创造性的和有目的的。尽管如此，由于它的欲望的绝对力量与满足它们所包含的破坏，肉体就是一个问题和负担。但肉体受到灵魂的制衡，灵魂代表的是美德与智慧的原则；这两者紧密地联系，它们在某些方面是难以区分的。肉体是外在的形式；灵魂是人类的内在人格。肉体的嗜好得到的控制与克制越多，灵魂就越繁荣昌盛，这种人的人格就变得仁慈、有用，并可以与他自己和这个世界轻松相处。肉体追求快感，希望发现幸福。但要在此生中发现幸福，就只有容许灵魂沿着美德与智慧的道路来引导肉体。肉体由于死亡而走向终结，随着肉体的腐烂，它的诸多问题与嗜好也就被带走了。倘若灵魂在此生中为美德与智慧所引导，发现自己准备与神相联合，准备与其他在不朽意义的存在中得到精心培育的灵魂相联合，那么灵魂就会留存下来。

通过柏拉图、亚里士多德与其他人的诸多作品的运作，苏格拉底关于生与死、肉体与灵魂的概念渗透到了希腊思想之中，这在他离开人世之后的两三代人之中变得越来越显而易见，这得到了那个关于对他的审判、他自己执行死刑以及他在跨入永生之门时超凡的沉着镇定态度的故事的巨大帮助。苏格拉底不仅成为典型的哲学家与伦理智慧的来源，而且还成为一个好人的生动范例与操控灵肉关系的完美例证。

因此，当圣保罗在公元1世纪向异教徒的希腊语世界宣讲耶稣基督的教诲时，他发现听众已经在某些重要的方面对他传递的要旨做好了准备。正是耶稣所启示的慈善、无私、接受苦难和愿意牺牲的犹太要旨与苏格拉底对灵魂胜利和等待灵魂永生的清晰展望的结合，赋予了从圣保罗福音书教诲中产生的基督教惊人的力量，使它普遍存在，并使它能够在迫害与殉道中蓬勃发展。来自对他的审判、定罪及其接近死亡的过程的苏格拉底形象也并未受到损害，而是变得高贵。圣保罗写道："希腊人要求的是理由，犹太人寻求的是标志。"多亏了柏拉图的作品，苏格拉底提供了理由，而拿撒勒的耶稣和他的复活则产生了标志。

超出这种一般的观点来追求苏格拉底的思想与基督教的关联，是没有什么用处的。苏格拉底并不是一位基督教的先驱，尽管他就像耶稣一样拥有他的使命，但这两种努力几乎没有什么共同点。"我就是道路、真理与生命"：这是一个庄严的主张，只有神性的意识才有可能对之做出辩护。难以想象，苏格拉底会向人们做出这样的自我介绍。苏格拉底反复坚称的一个主张是，他一无所知。他觉得自己确实能做到的是，帮助普通人略微更清晰与更融贯地去思考构成良好行为的是什么，无愧于人性最佳状态的是什么，而这也是他的神圣职责的本质。他这么做所获得的成功，经过数代人的努力，不仅使希腊世界对基督教的接受效果更加清晰有力，而且还让这种接受效果变得更加富有成效。这本身就是一项巨大的成就，柏拉图与亚里士多德的工作虽然对基督教世界与随后的西方世界的建立是重要的，但相较于苏格拉底，他们的贡献是次要的。

苏格拉底永久地装备或重新装备心灵的第二个关键方式是，他坚持道德是绝对的，而不是相对的。所有的社会，从最原始的社会到最复杂的社会，都拥有一种内在的、让自身衰弱的倾向，即滑向道德相对主义。他发现，希腊社会存在着大量正在坍塌和溃烂的在道德上相对的实践与为之辩护的诸多伪理想主义命题。希腊多神论身体的每一个毛孔都流淌着道德相对主义的汗水。在整部荷马史诗中都难以发现一种明确的道德绝对性，而像索福克勒斯与欧里庇得斯这样的戏剧家以赞许的态度讲述了与诸神所做的交易，这些交易颠覆了常规道德行为的概念。苏格拉底给予社会的巨大馈赠是，他将道德从准神圣的讨价还价、欺诈和妥协的变化莫测的氛围中带入了努力真诚的男女之间的普通而又可敬的炽烈阳光之下。对苏格拉底来说，道德是绝对的，否则它就什么也不是。倘若一个行为是不公正的，那么它在任何地方都始终如一，而且人们永远都不应该这么做。无论受到了什么样的刺激，一个男人或女人永远都不能做出不公正的行为。一个在雅典集市做生意的普通商人，一个在公民大会上就和平或战争问题发表演说的政治家，一个指挥军队的将军或指挥桨帆船舰队的舰队司令，或者一个教导年轻人的老师，都受制于这同一种无情的道德法则。

　　苏格拉底拒绝报复，无论当初的罪行有多么巨大，这种做法都与正义相对立，因为它会让人们犯错。这个原则——在任何情况下都永远不要报复，永远不要犯错——同样适用于城邦与个人，不管城邦有多么强大，不管个人有多么卑微。苏格拉底在公共道德与私人道德之间并没有做出区分，如果说伦理学在他的时代之前就已经拥有了一段历史，那么在希腊伦理学的历史中，这一点先前从未得到特别重视，甚至从未得到考虑。可以说，苏格拉底在让人类舞台上的所有行动者都服从相同的规则时，以同样的方式让伦理学民主化，古希伯来人则让所有人都平等地服从于一个无所不能和普遍的耶和华，尽管他们是通过一种不同的推理过程来做到这一点的，这种推理过程也产生了被亚历山大的菲洛（一个几乎就像受益于摩西那样多地受益于苏格拉底的先知）称为民主的神权政治的事物。

苏格拉底对男人们和女人们都有积极的评价，因为他清楚地看到他们有能力实现最高的道德英雄主义。他们的外表并没有持久的重要性。美随着年龄而消逝，衣物几乎无法为一个男人或女人增强或减损自然已经提供的东西。苏格拉底没有鞋子，他几乎没有珍贵的衣物，神明已经将他造就成一个丑陋的男人。而且，他在七十岁时并不比他在二十岁时更丑陋：或许弓形腿略有加重，而且还挺着一个大肚子。他没有时间留给宙克西斯，这个时尚的画家在他的斗篷上用金色字母绣着他自己的名字。这会被认为证明了什么呢？另一方面，那些不值得打扮的人却拥有无限的研究价值。苏格拉底在他的整个一生中都着迷于人类的多样性、特殊性、固执与纯粹的个人主义。它们提出了他乐于解决的问题，并提供了审视人类处境的观点，当他在雅典街道奔走与闲荡，体验其人类用品时，这些观点让他持续处于着迷的状态。当被问及为什么他会娶像克珊西普这样难相处的女人时，他的回复是，让她具有魅力的恰恰正是她的非凡之处，而不是她的生硬笨拙。她是一个有待解决的问题，他补充说，他面对的是一只棘手而又非凡的动物，为了解决这个问题，他可以像驯马师一样锻炼自己的技能。苏格拉底对观念与概念感兴趣，它们构成了柏拉图表明苏格拉底有所参与的所有对话的出发点。但是，这些对话仅仅存活于它们所展现的人性之中，仅仅在它们所展现的人性之中才有意义，而这只是因为它们讨论的是真实的个体。对苏格拉底来说，观念的存在是为了给人们提供服务与阐释，而不是相反。在这里他与柏拉图有一个巨大的差异。对苏格拉底而言，除非哲学自身与男人们和女人们有关，否则它就没有意义和重要性。值得重复与强调的是西塞罗对苏格拉底工作的概括："苏格拉底第一个将哲学从天上召唤下来，让她立足于城镇，将她介绍到了民众的家中，并迫使她探究男女的生活、伦理规范、善与恶。"

因此，苏格拉底独自一人时并不感到自在。他不能作为一个孤独者来践行他的哲学。他需要民众。他需要一个城邦。最重要的是，他需要雅典。他不得不让哲学的人性内容召唤与留意所有的年龄、阶层与职业，追问与筛选他们，刺激与挑衅他们。他恰恰就像一位在准备人类的庆祝盛宴的厨艺大师。雅典人就是他使用的主要材料，通过他的"考察"，他添加了香料与风味，实质与主体，平衡性与多样性，直到他生产了自此以后为这个世界提供营养的思想与精神的盛宴。

苏格拉底在民众之中是快乐的，他并不寻求将民众变成被监护人，更不寻求将他们变成学生。他不是一位教师，不是一位导师，不是一位学者。他没有任何与学者派头有关的东西。他没有任何作品。正如西塞罗所言："他甚至没有写过一封信。"并不存在一套苏格拉底的学说。他鄙弃教室。雅典的街道与市场才是他的栖身之地。不同于柏拉图与亚里士多德，他没有创建任何学院或学园。拥有硕士与大学生、讲座与辅导教师、图书馆与出版社的大学与他无关。他是城邦生活的一部分——无可否认，是思考的一部分，是谈话与辩论的一部分，但他就像鱼贩、货币兑换商、鞋匠、它的那些夸夸其谈的政客或贫穷的诗人一样无法分离于这个城邦的诸多悸动而又繁忙的活动。他在城邦中感到没有拘束,在校园中则是个陌生人。他知道,一旦哲学让自身脱离于人们的生活,它就会开始失去自己的生命力,并且不断朝着错误的方向前进。学院哲学并不是他会做出任何有价值贡献或他希望参与的活动。仅仅存在于与世界其他地方相隔绝的学术环境中的哲学概念会让他感到震惊,并且还有可能让他发出粗犷的笑声。人们可以听到他在说:"这是任何能被我辨识的哲学的死亡。"

因为苏格拉底并没有将哲学当作一种学术活动,而是将之当作一种人类的活动来看待与实践的。与哲学相关的是面对正确与错误、善与恶的现实伦理选择的真实男女。因此,一位哲学领袖必须不仅仅是一个思想家,而且他应当比思想家走得更远。他必须是一个好人,因为对他来说,对美德的追求不是抽象的观念,而是日常生活的实际事务。他必须勇敢地面对选择并承受它们造成的诸多后果。归根到底,哲学是英雄主义的一种形式,那些践行哲学的人们在追求心智的卓越时必须拥有牺牲一切的勇气,包括牺牲生命本身。这就是苏格拉底自己所做的事。这就是我们尊敬他,并将他赞颂为哲学化身的原因。

延伸读物

构成苏格拉底生平原始资料的一部最便于使用的文本作品集是"收藏家图书馆系列"丛书中的《论苏格拉底》(*On Socrates*, London, 2004),它附有一篇汤姆·格里菲斯(Tom Griffith)撰写的导论。这本书给出了柏拉图最重要的七篇文本(《吕西斯篇》《拉凯斯篇》《卡尔米德篇》《会饮篇》《申辩篇》《克力同篇》和《裴多篇》)、阿里斯托芬《云》和色诺芬《会饮》的文本。此外,它可以被轻易地放入口袋。一个范围更广泛的文本作品集是《苏格拉底:一部资料书》,它是约翰·弗格森(John Ferguson)为开放大学编纂的(*Socrates: A Source Book*, London, 1970),它给出了柏拉图的更多文本,色诺芬的《回忆苏格拉底》,第欧根尼·拉尔修、亚里士多德的大量论述与探讨苏格拉底的诸多摘录,这些摘录还出自西塞罗与众多其他的拉丁语世俗作家、普鲁塔克与其他的希腊语作家以及论述苏格拉底的基督教作家。我发现的有用文本的其他版本包括企鹅版的《苏格拉底最后的日子》(《游叙弗伦篇》《申辩篇》《克力同篇》《裴多篇》),它是由哈罗德·塔伦特(Harold

Tarrent）编辑的，以及企鹅版的《理想国》，它是由戴斯蒙德·李（Desmond Lee）翻译的，并附有梅丽莎·莱恩（Melissa Lane）撰写的一篇导论（London, 1987）。

苏格拉底的两部优秀而又简短的传记是由 A. E. 泰勒（London, 1932）与 C. C. W. 泰勒（Oxford, 1998）撰写的。R. M. 黑尔撰写的《柏拉图》（Oxford, 1982）同样值得推荐。论述苏格拉底的关键作品是格雷戈里·弗拉斯托的《苏格拉底：反讽主义者与道德哲学家》（Cambridge, 1997）。同样有用的是理查德·柯兰特（Richard Krant）编辑的《剑桥柏拉图研究指南》（Cambridge, 1992）、乔纳森·巴恩斯（Jonathan Barnes）的《早期希腊哲学》（London, 2001）、卡尔·波普尔的《开放社会及其敌人》（第一卷：柏拉图的符咒）（London, 2005）与尼古拉斯·帕帕斯（Nickolas Pappas）的《柏拉图与理想国》（London, 1996）。关于艺术、建筑与雕塑，我使用的是马丁·罗伯逊（Martin Robertson）的《希腊艺术史》（两卷本）（Cambridge, 1975）、K. 帕帕约阿努（K. Papaioannou）的《希腊艺术》（New York, 1989）与 J. J. 波利特（J. J. Pollitt）的《古典希腊的艺术与经验》（Cambridge, 1972）。关于一般性的背景，参见 N. G. L. 哈蒙德（N. G. L. Hammond）与 H. H. 斯卡拉德（H. H. Scullard）编辑的《牛津古典词典》（Oxford, 1973）与 M. C. 豪沃森（M. C. Howatson）编辑的《牛津古典文学研究指南》（Oxford, 1993）。

索 引

（索引页码为原书页码，即本书边码）

Acharnians (Aristophanes),《阿卡奈人》（阿里斯托芬），64，130
Acropolis，雅典卫城，22，24，25，46—53，140，145，146
　　也可参见 Parthenon，帕特农神庙
Aeschines，埃斯基涅斯，130
Aeschylus，埃斯库罗斯，22，43，60—62
Agariste，阿加里斯特，40
Agathon，阿伽颂，61
Alcibiades，阿尔西比亚德，20—21，29，86，106，145—147，162—165
　　death of，阿尔西比亚德之死，142，152，163
　　Eleusinian Mysteries in charges against，阿尔西比亚德玷污埃留西斯密仪的指控，142，150，162
　　homosexual overtures of，阿尔西比亚德关于同性恋的提议，124—126
　　in retreat from Delium，阿尔西比亚德在从德里昂撤退的期间，27—28，31—32
　　Syracuse expedition led by，阿尔西比亚德领导的叙拉古远征，141—142
Amphipolis, Battle of，安菲波利斯战役，26—27，141，152
amphorae, Attic，阿提卡的双耳瓶，54，63，122
Anabasis (Xenophon),《长征记》（色诺芬），9
Analects (Confucius),《论语》（孔子），6
Anaxagoras，阿那克萨戈拉，67，151
Anaximander，阿那克西曼德，74，75
Anaximenes，阿那克西美尼，74，75
Andocides，安多喀德斯，150

147

Antheus (Agathon),《安修斯》(阿伽颂),61
Antigone (Sophocles),《安提戈涅》(索福克勒斯),43
Antisthenes,安提斯泰尼,130
Anytus,阿尼图斯,149,163—164
Apollo,阿波罗,50,168,169
Apollodorus,阿波罗多洛,178—179
Apology (Plato),《申辩篇》(柏拉图),113,154
Arginusae, Battle of,阿吉纽西战役,143—145,152
Aristes,阿里斯特斯,151
Aristides,阿里斯提德,24,151
Aristophanes,阿里斯托芬,12,24,63—66,80—81,86,87,158,164
 city contests won by,阿里斯托芬赢得的城市竞赛,21,64,130
 in Plato's *Symposium*,在柏拉图《会饮篇》中的阿里斯托芬,63—64,65—66
 satiric plays of,阿里斯托芬的讽刺戏剧,64—65,149
Aristotle,亚里士多德,10,60,61—62,63,74,81,88,112,120,152,169,187,188—189,193
Aristoxenus,亚里士多塞诺斯,55
Aspasia,阿斯帕西娅,67—68,129—131,152,156
Athena,雅典娜,47,48—49,52,67
Athens: 雅典:
 annual contests of,雅典的年度竞赛,19,21,56,60,62,64,130
 bookselling trade in,雅典的图书销售贸易,78—79,110—111,167
 citizenship rights in,雅典的公民权,23,132—133,155
 consensus needed by,雅典所需要的共识,92—93,139,163—164
 as democracy,作为民主城邦的雅典,7,22—23,40,47,92—93,117—118,143—145,147,151,155,156,177
 empire of,雅典帝国,21—22,42,47—48,117—118,143
 genocides of,雅典的种族灭绝,117—119
 gold reserve of,雅典的黄金储备,49,67
 Panathenaea music festival at,雅典的泛雅典娜音乐节,56

Periclean，伯里克利统治的雅典，参见 Pericles，伯里克利
periods of ceremonial purity in，雅典举行朝圣仪式的时期，168
Persian sacking of，波斯人对雅典的洗劫，22，47
plague in，雅典的瘟疫，41，66—68，73，127，140
population size of，雅典的人口规模，23—24，140，157
public events in，雅典的公共事件，54—66
social mobility in，雅典的社会流动性，46—47
Socrates' perambulations of，苏格拉底在雅典的闲逛，68，78—79，82，106—107，129，156，165，191，192—193
Socrates' statue in，苏格拉底在雅典的雕像，30
traditional religion of，雅典的传统宗教，20，54—59，61，62—63，107，108—109，142—143，149—150，153，159—162，185—186，189
women's position in，女人在雅典的地位，131，132
也可参见 Acropolis，雅典卫城
Athens, legal system of，雅典的法律制度，139—180
　Arginusae victory and，阿吉纽西战役的胜利与雅典的法律制度，143—144，152
　executions in，雅典法律制度中的死刑执行，168，177
　flaws of，雅典法律制度的缺陷，155—156
　prominent citizens prosecuted in，雅典法律制度对杰出公民的控告，67—68，73，130，142，150—152
　social demoralization and，社会腐化与雅典的法律制度140—148，168—169
　Socrates' upholding of，苏格拉底对雅典法律制度的支持，154，155—156，172—173
　Thirty Tyrants regime and，三十僭主统治时期与雅典的法律制度，145—148，154—155，163，165，168
　undifferentiated public vs. private interest in，雅典法律制度对公共利益与私人利益未加区分，148—149
Austen, Jane，奥斯丁，简，45，87

Bevan, Aneurin, 贝文, 安奈林, 85
Briand, Aristide, 白里安, 阿里斯蒂德, 63
British Museum, 大英博物馆, 30, 52, 85—86

Callicles, 卡利克勒斯, 86, 98—99
Callicrates, 卡里克拉特, 50
Carpion, 卡皮恩, 50
Chaerephon, 克瑞丰, 83
Charmides, 卡尔米德, 146, 147
Christianity, 基督教, 20, 57, 96, 112, 114, 179—180, 187—189
Churchill, Winston, 丘吉尔, 温斯顿, 39, 41
Cicero, 西塞罗, 12, 25—26, 81—82, 192
Cimon, 客蒙, 22, 99, 151
city planning, 城市规划, 45—46
city-states, 城邦, 7, 19, 49, 139
Cleisthenes, 克里斯提尼, 23, 40, 151
Cleiton, 克雷同, 25
Cleon, 克里昂, 64, 65, 117—118, 141, 152
Clouds (Aristophanes), 《云》(阿里斯托芬), 12, 24, 65—66, 80—81, 86, 149, 158, 164
Coleridge, Samuel Taylor, 柯勒律治, 塞缪尔·泰勒, 57
Confucius, 孔子, 5—6, 7—8
Critias, 克里提亚斯, 145—147, 152, 162—165
Crito, 克力同, 154, 168, 171—172, 178
Crito (Plato), 《克力同篇》, 24—25, 114, 115—116, 171, 173
Critobulus, 克利托布洛斯, 30—31

Damon, 达蒙, 53, 54
Dawkins, Richard, 道金斯, 理查德, 107
Delian League, 提洛同盟, 22, 26, 47—48, 151
Delium, retreat from, 从德里昂撤退, 27—28, 31—32

Delphi，德尔斐，56
　Oracle of，德尔斐的神谕，83，161—162
Democritus，德谟克利特，77
Demosthenes，德摩斯梯尼，46
Diodotus，狄奥多图斯，118—119
Diogenes Laertius，第欧根尼·拉尔修，12，25，150
Dionysus，狄奥尼索斯，55，57—59，62，63，87
Diotima of Mantinea，曼提尼亚的狄奥蒂玛，127—129，156
dithyrambs，酒神颂，55，58
drama，戏剧，56—66
　actors in，戏剧中的演员，60，61，130
　annual contests of，戏剧年度竞赛，21，60，62，64，130
　Book of Job as，作为戏剧的《约伯书》，59，109
　chorus in，戏剧中的合唱队，53，54，56—57，58，59，60—61，63
　comedy，喜剧，21,29—30，58，62—66，87，130
　major playwrights of，戏剧的主要剧作家，21，22，43，60—62，63—66，87，116—117
　religious origin of，戏剧的宗教起源，57—59，61
　tragedy，悲剧，21，22，43，58—62，87，116—117

Egypt，埃及，49，59，74，77
Eleatics，埃利亚学派，76—77
Eleusinian Mysteries，埃留西斯秘仪，142，150，162
entasis，卷杀，50—51
Ephialtes，厄菲阿尔特，23，152
Epidaurus，埃皮达鲁斯，61，158
Euripides，欧里庇得斯，21，41，60—62，64，76，116—117，152，163，189
Euthyphro (Plato)，《游叙弗伦篇》(柏拉图)，153—154
Exodus, Book of,《出埃及记》，115
Ezra，以斯拉，6—8

Frogs (Aristophanes),《蛙》(阿里斯托芬),64

genocide,种族灭绝,117—119
Gladstone, W. E.,格莱斯顿, W. E.,179
Gorgias (Plato),《高尔吉亚篇》(柏拉图),86,97—99
Great Britain,英国,30,39,52,55—56,57,65,121,148
    attorney general of,英国的首席检察官,155
    Bill of Attainder process in,英国剥夺公民权法案的审议过程,143—144
    taxation by,英国的税收,47—48
Greek language,希腊语言,13,23,26,40,43,50,67,75,76,84,111,124,170—171,173—174

Hebrews,希伯来人,74,77,108,187—188,190
    drama of,希伯来人的戏剧,59,109
    language of,希伯来人的语言,170—171
    Torah of,希伯来人的《托拉》,6—7,57,115
Heraclitus of Ephesus,以弗所的赫拉克利特,75—76
Hermippus,赫尔米普斯,130
Herodotus,希罗多德,21—22
Hesiod,赫西俄德,115
hetaerae,交际花,129
Hipparchus,希帕科斯,151
Hippocrates,希波克拉底,24
Hippolytus (Euripides),《希波吕托斯》(欧里庇得斯),21
Holland, Lord,荷兰勋爵,32
Homer,荷马,13,57,59,111,115,167,189
homosexuality,同性恋,96,121—126
hoplites,重装步兵,22,23,26,105

Ictinus,伊克提诺斯,49—50

impiety，不虔诚，67，107，116—117，130，142，149—150，151，152，153，159—160
Isocrates，伊索克拉底，46，114

Job, Book of,《约伯书》59，109
Johnson, Samuel，约翰逊，萨缪尔，82，83，84，131
Jonson, Ben，琼生，本，65
Julius Africanus，朱利叶斯·阿非利加努斯，20—21
justice，公正，42，44—45，76，91，98，112—134，139，147，156—157，166，173，175—176
    evil and，邪恶与公正，109，113，114，116，119—120
    five principles of，公正的五个原则，115—116
    as form of self-interest，作为自身利益的一种形式的公正，113，114
    moral absolutism of，公正的道德绝对主义，113—116，119—121，189—190
    retaliation rejected in，公正所拒斥的同态报复，114—121，134，148，190
    slavery and，奴隶制与公正，132—134
    for women，对女人的公正，121，126—132

Keynes, John Maynard，凯恩斯，约翰·梅纳德，105
Knights (Aristophanes),《骑士》(阿里斯托芬)，64

Laches (Plato),《拉凯斯篇》(柏拉图)，24，88—90，108
Laws (Plato),《法律篇》(柏拉图)，132
Leibniz, Gottfried Wilhelm von，莱布尼茨，戈特弗里德·威廉·冯，109
Leonidas，列奥尼达斯，22
Leon of Salamis，萨拉米斯的莱昂，146，165
Longford, Frank，朗福德，弗兰克，32
lyre，里拉琴，53，54—55，75
Lysander，吕山德，145

Lysias，吕西亚斯，123—124
Lysistrata (Aristophanes)，《吕西斯特拉忒》（阿里斯托芬），64

Macaulay，Thomas Babington，麦考利，托马斯·巴宾顿，85
maenads，米纳，58
Marathon，Battle of，马拉松战役，21—22，60
mathematics，数学，50—51，53，78
Medea (Euripides)，《美狄亚》（欧里庇得斯），116—117
Megacles，麦加克勒斯，151
Meletus，梅勒图斯，149—150，160
Memoirs (Xenophon)，《回忆苏格拉底》（色诺芬），9
Meno (Plato)，《美诺篇》（柏拉图），149
Miltiades，米提亚德，22，99
Moore，Henry，摩尔，亨利，25
Moore，Thomas，穆尔，托马斯，32
moral education，道德教育，5—8，53，108，112
More，Thomas，莫尔，托马斯，39
Munich Gallery of Antique Art，慕尼黑古代艺术展览馆，54
music，音乐，6，21，52—55，58，63，97，129，169—170
musical ethics，音乐伦理学，53，56
musical instruments，乐器，53，54—55，56，63，75
Myrto，米尔托，32
Mytilene，米蒂利尼，117—119

Nicias，尼西阿斯，89—90，107—108，141—143，152
Nietzsche，Friedrich，尼采，弗里德里希，96

Olympic games，奥林匹克竞技会，19—21，166
Open Society and Its Enemies, The (Popper)，《开放社会及其敌人》（波普尔），94—95
Oracle of Delphi，德尔斐的神谕，83，161—62

paeans, 凯歌, 55—56, 169
Panhellenic games, 泛希腊竞技会, 19—21
Parmenides, 巴门尼德, 76—77
Parrhasius, 巴赫西斯, 25
Parthenon, 帕特农神庙, 47, 48—53, 151
    entasis of, 帕特农神庙的卷杀, 50—51
    frieze of, 帕特农神庙的檐壁, 52, 67
    sculptural embellishment of, 帕特农神庙的雕像装饰, 52—53
    statue of Athena in, 帕特农神庙中的雅典娜雕像, 47, 49, 67
Pasion, 帕西翁, 46, 133
Paul, Saint, 圣保罗, 187—188
Pausanias, 帕萨尼亚斯, 25
Peace (Aristophanes),《和平》(阿里斯托芬), 64
Peloponnesian War, 伯罗奔尼撒战争, 27, 41—43, 66, 141—145, 165, 168
Pericles, 伯里克利, 22, 39—68, 99, 107, 140—141, 165
    Aspasia and, 阿斯帕西娅与伯里克利, 67—68, 129—130, 152
    cultural program of, 伯里克利的文化纲领, 47—66, 73, 139
    death of, 伯里克利之死, 67, 73, 130, 140
    Delian League tribute spent by, 伯里克利花费的提洛同盟的贡金, 47—48
    humanism of, 伯里克利的人道主义, 41—45, 52, 67—68, 73, 106
    imperialism of, 伯里克利的帝国主义, 42, 47, 66
    military funeral oration of, 伯里克利的阵亡战士葬礼演说, 41—43, 66, 130
    paeans favored by, 伯里克利所喜爱的凯歌, 55
    plague and, 瘟疫与伯里克利, 41, 66—68
    pleiad led by, 伯里克利领导的精英, 43—45, 67—68
    portrait sculptures of, 伯里克利的肖像雕塑, 55—56
    prosecution of, 对伯里克利的起诉, 67, 151

Persae (Aeschylus),《波斯人》(埃斯库罗斯),40

Persian Empire, 波斯帝国, 21—22, 39, 40, 47, 88

Phaedo (Plato),《裴多篇》(柏拉图), 173—180

Phaedrus (Plato),《斐德罗篇》(柏拉图), 124

Phaenarete, 费纳瑞特, 24, 128—129

Phidias, 菲狄亚斯, 20, 41, 48—51, 67, 151

Philo of Alexandria, 亚历山大的菲洛, 190

Plataea, Battle of, 普拉提亚战役, 22, 88

Plato, 柏拉图, 9—12, 24—25, 26, 33, 41, 44—45, 63—64, 65—66, 81, 82, 83—84, 86, 87—90, 93—100, 108, 109, 113, 114, 115—116, 123—126, 130, 147, 149, 164, 187, 188—189, 191

 Academy of, 柏拉图的阿加德米学园, 10—11, 193

 career as poet contemplated by, 柏拉图所考虑的作为诗人的事业, 46, 62, 95

 dialectic defined by, 柏拉图定义的辩证法, 84

 drama and, 戏剧与柏拉图, 61—62

 eros and, 厄洛斯与柏拉图, 124

 as first intellectual, 作为第一位知识分子的柏拉图, 11

 mathematics in work of, 柏拉图工作中的数学, 51

 mother of, 柏拉图的母亲, 145, 146, 174

 on musical ethics, 柏拉图论音乐伦理学, 53

 as radical conservative, 作为激进的保守主义者的柏拉图, 94

 republic favored by, 柏拉图所喜爱的共和国, 93—95, 131—132

 retaliation and, 同态报复与柏拉图, 120

 Socrates as ventriloquist's doll of, 作为柏拉图这个口技表演者的玩偶的苏格拉底, 11—12, 95—100, 153

 Socrates' trial in works of, 在柏拉图作品中的对苏格拉底的审判, 153—154, 161, 170, 171, 173—180

 soul as viewed by, 柏拉图所考虑的灵魂, 95, 96, 99, 111, 124, 127

 textual errors in work of, 在柏拉图作品中的文本谬误, 13—14

Plutarch, 普鲁塔克, 12, 83

poetry，诗歌，21，52—53，59—60，62，77，95
  phrases in，诗歌的短句，56—57
  recital of，诗歌的背诵，57，59
  of Socrates，苏格拉底的诗歌，62，169—170
Polus，波卢斯，98
Popper, Karl，波普尔，卡尔，94—95
Potidaea, siege of，对波提狄亚的围攻，26
pre-Socratic philosophers，前苏格拉底哲学家，14，74—78
Prometheus Bound (Aeschylus)，《被缚的普罗米修斯》(埃斯库罗斯)，43
Protagoras，普罗泰戈拉，44—45，67，151—152
Protagoras (Plato)，《普罗泰戈拉篇》(柏拉图)，44—45
Pythagoras，毕达哥拉斯，53，78，152
Pythian Games，皮提亚竞技会，19，56

Quintilian，昆体良，84—85

Republic (Plato)，《理想国》(柏拉图)，53，86，93—95，109，113，131—132
retaliation, law of，同态报复的法律，114—121，134，148，190
rhetoric，修辞学，21，80，84，93，97—99，129—130，156
Rodin, Auguste，罗丹，奥古斯特，25
Rome，罗马，20，50，84
  Borghese Gallery，罗马的博尔盖塞美术馆，30
  Greek sculpture copied by，罗马复制的希腊雕像，29—30，55—56
Russell, Bertrand，罗素，伯特兰，26

satyrs，萨提尔，29—30，57
scribes，铭文，13，78—79
Silenus，西勒诺斯，29—31
slavery，奴隶制，23，46，132—134
Socrates：苏格拉底：

on art, 苏格拉底论艺术, 25, 51
background of, 苏格拉底的背景, 7, 24
charm of, 苏格拉底的魅力, 79
children of, 苏格拉底的子女, 32—33, 171, 173—174, 178
classlessness of, 苏格拉底的无阶级性, 7, 82
as conservative radical, 作为保守的激进分子的苏格拉底, 94
courage of, 苏格拉底的勇气, 144, 176—177, 194
craftsmanship as interest of, 作为苏格拉底兴趣的手工艺, 82—83
cross-examination technique of, 苏格拉底反诘的技术, 31, 78—80, 81, 82—84, 85, 88—89, 91—92, 96—97, 98—99, 106, 110, 112, 128, 153, 160, 169, 192
death of, 苏格拉底之死, 9—10, 11, 30, 32—33, 59, 93, 111, 134, 152, 179—180
education of, 苏格拉底的教育, 24—25, 127—129
Euripides' play amended by, 苏格拉底修改的欧里庇得斯的戏剧, 21, 62, 116—117
facial expression controlled by, 苏格拉底控制的面部表情, 25—26
gadfly as self-comparison of, 作为苏格拉底自我比喻的牛虻, 105
good life pursued by, 苏格拉底追求的美好生活, 81—82, 109—110, 193—194
on Heraclitus, 苏格拉底论赫拉克利特, 76
how to think conveyed by, 苏格拉底传达的思维方式, 90—93, 160, 188—189
human nature as viewed by, 苏格拉底的人性观, 106, 112, 190—192
imperturbable serenity of, 苏格拉底沉着的镇静, 31—32
influence of, 苏格拉底的影响, 185—190
inner voice (daemo) of, 苏格拉底的内心的声音（守护神）, 79—80, 108, 160—161
irony of, 苏格拉底的反讽, 30—31, 43, 62, 84—87, 180
jokes of, 苏格拉底的玩笑, 30—31, 33, 79, 86—88, 123, 179, 180
last words of, 苏格拉底最后的话语, 107, 179

  medical interests of, 苏格拉底对医学的兴趣, 24

  military career of, 苏格拉底的军事生涯, 19, 26—28, 105, 107—108, 141, 168, 177

  musical interests of, 苏格拉底对音乐的兴趣, 53—54, 56

  on Olympic victories, 苏格拉底论奥林匹克的胜利, 20

  on oratory vs. philosophy, 苏格拉底论演讲术与哲学, 42—43

  philosophical approach of, 苏格拉底的哲学进路, 78—100, 156—157, 159, 169—171, 172, 173—177, 192—194

  as Platsoc, 作为柏拉图的"苏格拉底"的苏格拉底, 95—100, 113

  portrait sculptures of, 苏格拉底的肖像雕塑, 29—30

  public career rejected by, 苏格拉底所拒斥的公共职业, 46—47, 79, 108, 110, 119, 164—165

  pupils of, 苏格拉底的学生, 8—12, 146, 147, 164

  recurring dream of, 苏格拉底经常发生的梦境, 169—170

  religious views of, 苏格拉底的宗教观, 79—80, 96, 106—109, 153—154, 156—157, 159—161, 172—173, 174—177, 179—180, 185—187

  sayings of, 苏格拉底的话语, 12, 13—14, 28—29, 79—80, 106

  self-control cultivated by, 苏格拉底所培养的自我控制, 28—29, 68, 110—111

  stone carver trade attributed to, 归于苏格拉底的石雕师手艺, 25, 48

  theatrical attacks on, 戏剧对苏格拉底的攻击, 24, 65—66, 80—81, 149, 158—159, 164

  ugly appearance of, 苏格拉底丑陋的外表, 29—31, 57, 62, 191

  wisdom disclaimed by, 被苏格拉底否认的智慧, 83—84, 85, 96, 161—162

  women as viewed by, 苏格拉底对女性的看法, 33, 121, 126—132

  words defined by, 苏格拉底定义的词语, 88—90, 112—113, 153

  zestful liveliness of, 充满活力的苏格拉底, 105—106

Socrates, trial and condemnation of, 对苏格拉底的审判和定罪, 9, 85, 93, 134, 139—180, 187

  and Alcibiades and Critias, 对苏格拉底的审判与阿尔西比亚德和克里提亚

斯，145—147，162—165

　　alternative punishment proposed in, 对苏格拉底的审判中提议的替代性惩罚，154，165—167

　　charges in, 审判苏格拉底的控诉，107，150，153，159—160

　　conviction in, 苏格拉底在审判中的坚定信念，154，162，165，167，172

　　death sentence in, 对苏格拉底的审判中的死刑判决，150，152，154，157—158，165—166，167—168，172，173

　　defense in, 对苏格拉底的审判中的辩护，152，154，159—162，172

　　events leading to, 导向对苏格拉底的审判的诸多事件，141—148

　　ill-advised irony in, 苏格拉底在审判中不明智的反讽，85，159，161—162，166—167

　　imprisonment in, 苏格拉底在受审时的监禁，154，168—180

　　jury of, 苏格拉底的陪审团，157，158—159，160，165，167—168

　　last hours in, 苏格拉底的最后几小时，154，173—180

　　poison drunk in, 苏格拉底饮用毒药，154，177—178

　　refusal of escape from, 苏格拉底拒绝逃离审判，154，155—156，171—173

Socrates (Vlastos), 《苏格拉底》(弗拉斯托)，95—96，119

Sophists, 智术师，44，65，80—81，83，86，97，113，169

Sophocles, 索福克勒斯，41，43，60—61，64，152，189

Sophroniscus, 苏弗罗尼司库斯，22，24，25，48

soul, 灵魂，62，74，77

　　body and, 肉体与灵魂，109—112，124，186—187

　　Plato's view of, 柏拉图的灵魂观，95，96，99，111，124，127

　　Socrates' view of, 苏格拉底的灵魂观，58—59，96，109—112，153—154，169，173，174—177

Sparta, 斯巴达，20，22，88，105，117，131，141—147，148，154—155，162—163

　　in Peloponnesian War, 伯罗奔尼撒战争中的斯巴达，27，66，141—145，168

Symposium (Plato), 《会饮篇》(柏拉图)，61，63—64，65—66，124—126

Symposium (Xenophon), 《会饮》(色诺芬)，30—31，124

Syracuse, defeat at, 远征叙拉古的失败, 107—108, 141—142, 152

Thales, 泰勒斯, 74
Theaetetus (Plato),《泰阿泰德篇》(柏拉图), 24, 44, 83—84
Themistocles, 提米斯托克利, 151
theodicy, doctrine of, 神正论, 109
Theramenes, 塞拉门尼斯, 145—146
Theseus, 忒修斯, 168
Thesmophoriazusae (Aristophanes),《特士摩》(阿里斯托芬), 64
Thespis, 狄斯比斯, 60
Thrasymachus, 色拉叙马霍斯, 86, 113, 114
Thucydides, 修昔底德, 13, 27, 41, 42, 67, 108, 141, 143, 153, 154
Torah, 托拉, 6—7, 57, 115
Toulouse-Lautrec, Henri de, 图鲁斯-劳特累克, 亨利·德, 63

Vitruvius, 维特鲁威, 50
Vlastos, Gregory, 弗拉斯托, 格雷戈里, 95—96, 119

Wasps (Aristophanes),《黄蜂》(阿里斯托芬), 64
Wittgenstein, Ludwig, 维特根斯坦, 路德维希, 8
Wordsworth, William, 华兹华斯, 威廉, 57
World War II, 第二次世界大战, 121

Xanthippe, 克珊西普, 32—33, 173—174, 191
Xanthippus, 克桑提普斯, 22, 40, 151
Xenophon, 色诺芬, 8—9, 12, 25, 26, 30, 33, 51, 124, 146, 163

Zeno, 芝诺, 76—77
Zeus, 宙斯, 20, 43
Zeuxis, 宙克西斯, 41, 191

译后记

一

毋庸置疑,苏格拉底是人们耳熟能详的最伟大的哲学家与思想家之一,然而,正所谓熟知非真知,关于苏格拉底的生动描绘不少,关于苏格拉底的无可辩驳的事实却不多。苏格拉底一生的言行激起了人们的一系列疑问与困惑:苏格拉底何以被德尔斐神谕称为雅典最有智慧的人?苏格拉底这个最有智慧的人为什么却主张自己一无所知?苏格拉底这个主张自身无知的人又为什么会强调知识与美德的关联?既然知识与美德存在重要关联,苏格拉底何以又会认为美德是无法传授的?一生都将美德当作自身哲学主要关切的苏格拉底,何以会被控诉犯下了败坏雅典青年的罪行?倘若雅典对苏格拉底的审判是不公正的,苏格拉底为什么不选择逃离雅典,而是坦然接受了这次不公正审判的死刑判决?

应当说,这些疑惑并非仅仅导源于可靠历史材料的缺乏,这也与苏格拉底表述自身信念的方法有关。正如王尔德所言,"真理之道乃悖论之道",苏格拉底大概是最熟练地使用王尔德所倡导的这种反讽手法的西方哲学家之一。苏格拉底的反讽手法所产生的种种悖论式的论断,也为理解他的哲学与人生带来了巨大的困难。克尔凯郭尔就敏锐指出了理解苏格拉底的困难的关键所在。

> 苏格拉底所最注重的是他的一生和世界历史之间的关系……他没有著书立说,后世对他评判也就无所凭依;我想象我即使和他生于同世,他也会永远难以捉摸。他属于那种我们不能只看外表的人。外表总是指向一个相异和相反的东西。有的哲学家谈论自己的观点,而在谈论中理念本身就会明确地呈现出来。苏格拉底不是这样的一个哲学家,他的话总有别的含义。总而言之,他的外在与内在不和谐统一,其实毋宁说他的外在内在总是背道而驰:只有从这个折射的角度我们才能理解他。显而易见,理解苏格拉底迥异于理解大多数别的人。[1]

这也就意味着,仅仅僵死地依靠一种实证主义式的史料堆积与梳理是完全无法把握到苏格拉底思想与生存的实质的,归根到底,苏格拉底作为一个伟大的历史人物,"是要由有经验和有性格的人来书写的。如果一个人不是比别人经历过更伟大和更高尚的事,他就

---

[1] [丹麦] 索伦·克尔凯郭尔:《论反讽概念:以苏格拉底为主线》,汤晨溪译,北京:中国社会科学出版社,2005年,第5页。

不能解释过去的任何伟大和高尚的事"[1]。凭借丰富的社会经验、敏锐的批判意识、宏大的智识视野与广博的学识,著名历史学家保罗·约翰逊所撰写的这部铿锵有力而又生动的《苏格拉底》,为深入理解苏格拉底,澄清上述困惑带来了诸多相当有价值的启发。

二

苏格拉底的著名研究专家格雷戈里·弗拉斯托主张,苏格拉底思想的"核心悖论"是他关于无知之知的宣言,也就是说,当苏格拉底得知德尔斐神谕的内容时,他得出的结论却是,正是他的无知才让他成为当时在雅典最有智慧的人。根据约翰逊的提示,要对这个悖论形成恰当的理解,就必须参照雅典智识氛围的历史语境。

众所周知,在苏格拉底一生的绝大多数时间里,都是由伯里克利来统治雅典的。伯里克利统治时期的雅典,不仅在文化艺术与商贸经济领域创造了辉煌的成就,而且在军事与政治领域也获得了前所未有的地位。通过领导希腊人粉碎波斯帝国的两次入侵,创建提洛同盟,雅典在诸多希腊城邦中确立了它的优势地位。可以认为,公元前5世纪的雅典已经成为整个希腊乃至整个西方世界的政治中心与文化中心,雅典的统治阶层与市民阶层无不沉浸于乐观主义的巅峰之中。

乐观主义固然可以极大地提升雅典市民的自信,让他们以更

---

[1] [德] 弗里德里希·尼采:《历史的用途与滥用》,陈涛、周辉荣译,上海:上海人民出版社,2020年,第72页。

大的激情投入城邦的各项建设中,然而,很多事物恐怕都难以摆脱"物极必反"的规律。当雅典的乐观主义走向极端、偏执与虚妄时,这种乐观主义对雅典城邦的深远影响就很难说是正面的。正如丘吉尔对20世纪30年代世界经济大危机之前普遍流行的乐观心态所做的评论,"极端的乐观主义,让投机事业变得愈加疯狂……人类能发挥最高的技巧和辛勤,当然是好事,因为这对彼此的利益都有难以计算的好处。可是实际上所取得的成果,远远不及所带来的虚荣、幻觉和贪婪,直到那种带着光环的外表被破坏得体无完肤"[1],这种说法也同样适用于雅典的乐观主义。这种极端的乐观主义让雅典的政治家对自身与斯巴达的军事实力做出了错误的评判,并使雅典在其后发动的伯罗奔尼撒战争中走上了衰败的道路。正是在这个意义上,"那些无知地自信的人表明他们自己不是勇敢,而是疯狂"[2]。

应当说,在伯罗奔尼撒战争遭遇失败之前,雅典人毫不动摇地普遍持有这种乐观自信的政治态度,而这种政治态度也深深影响到了他们认识世界与认识自我的智识态度。苏格拉底热衷于与各个阶层和行业的雅典人进行交谈,在交谈的过程中他惊讶地发现,无论是政治家、诗人还是工匠,他们都有一个通病,即总是自以为知道他们自己所不知道的东西。

苏格拉底明确地认识到自身的无知,而这些人没有意识到自

---

1 [英]温斯顿·丘吉尔:《第二次世界大战回忆录(第一卷):从战争到战争》,方唐译,北京:北京时代华文书局,2017年,第31—32页。

2 [古希腊]柏拉图:《普罗泰戈拉篇》,王晓朝编译:《柏拉图全集》(第一卷),北京:人民出版社,2002年,第475页。

身的无知，后者的无知更加糟糕，因为把不知道的事物臆想为已知的事物，这恰恰是思想中所犯一切错误的重要根源，"唯有这种无知被冠以'愚妄'之名"[1]。相较之下，"真正的无知是更为有益的，因为真正的无知很可能带有谦逊、好奇和虚心等特点；而只具有重复警句、时髦名词，熟知命题的能力，就沾沾自喜，自以为富有学问，从而把心智涂上一层油漆的外衣，使新思想再也无法进入，这才是最危险的"[2]。

因此，苏格拉底比其他雅典人更有智慧的原因在于：苏格拉底对自身无知的认识，让他不满足于现有的知识，他会由于自己的智识困惑而不断去反思世界与反思人生，而真理的探索恰恰就因这样的困惑而生。大多数相信自己的看法已经是真理的雅典人就不太可能如此努力地去做这样的反思，他们难免会将自己的心智封闭在流行的偏见与谎言中而不自知，他们对自己持有的信念越自信，他们就可能离真相或真理越远。

由此可见，苏格拉底主张自身无知，并不是像怀疑论者或虚无主义者那样要否定真理的存在，恰恰相反，他是希望通过揭示普遍存在的无知来培养一种智识上的谦逊品质，以便于让人类更加积极主动地去追求真理。

这也就意味着，对于苏格拉底来说，为了通过知识达至真理，"主体必须改变自己、转换自己、在一定程度上与自身不同"，"如

---

1 [古希腊]柏拉图：《智者》，詹文杰译，北京：商务印书馆，2011年，第25—26页。
2 [美]约翰·杜威：《我们如何思维》，伍中友译，北京：新华出版社，2010年，第146页。

果认识活动没有通过主体的改变来做准备、陪伴、配合和完成，它是无法最终给出通向真理的道路的"，因此，通过知识获取的真理就不是完全与主体无关的客观真理，而是对主体拥有某种塑造作用的真理。"真理就是让主体澄明的东西；真理赋予它真福；赋予它灵魂的安宁。简言之，在真理和通向真理的途中，存在着完成主体自身、完成主体的存在或改变主体形象的某种东西。"[1]

苏格拉底所倡导的并不仅限于让主体把握住真理，而且还要通过直言的方式将这些通过认知活动获得的真理公之于众。苏格拉底的直言探讨的主要不是技术和能力，而是"生存方式、生活方式。生活方式关联着本质的、基本的说真话实践。在关心人的领域说真话，就是质疑他们的生活方式，考验这种生活方式，界定其中哪些可以被鉴别为、被承认为好的，相反，哪些应该被抛弃、被谴责"[2]。

正是依循以上这条思路，苏格拉底将知识与美德联系了起来。为了通过求知获得真理或真相，一个人就必须拥有谦逊的智识品质，就必须拥有开放豁达的理智德性。反过来说，当一个人接受了真正的知识与真理，那么他就会改变他封闭于种种幻相的庸常生活方式，消解他原有的傲慢、偏执与狂热，进而形成理性而又有节制的美德。

苏格拉底深信，"无人自愿作恶"，人们选择作恶，通常是缺

---

1 [法]米歇尔·福柯：《主体解释学》，佘碧平译，上海：上海人民出版社，2018年，第20—21页。

2 [法]米歇尔·福柯：《说真话的勇气》，钱翰、陈晓径译，上海：上海人民出版社，2016年，第125页。

乏知识导致的恶果。倘若缺乏必要的知识，一个人就会误认为某些恶行有利于自己的真实利益，某些招致自我毁灭的欲望是值得追求和满足的，某些投机与冒险的愚蠢行为可以从虚幻的宏大叙事中获取崇高而又辉煌的意义。倘若拥有充分的知识与理性，一个人就会抛弃这些恶行、疯狂的欲望与投机冒险的行为，逐步形成审慎节制与勇敢公正的精神品质，进而导向一种拥有美德的幸福生活。总之，在苏格拉底看来，在一个人培育自身美德的过程中，知识与理性发挥了至为重要的作用。

三

必须指出的是，尽管苏格拉底强调知识与美德的重要关联，但他从来不曾认为，一个人只要拥有知识，就可以获得美德或过上一种严格符合道德要求的生活。然而，纵观整个西方哲学史，对苏格拉底的这个思想形成歪曲理解的哲学家并不少见，例如，尼采就将苏格拉底的这个思想概括为一种有必要进行严厉批判的理论乐观主义。

> 苏格拉底乃是理论乐观主义者的原型，他本着上述对于事物本性的可探究性的信仰，赋予知识和认识一种万能妙药的力量，并且把谬误理解为邪恶本身。在苏格拉底类型的人看来，深入探究那些根据和理由，把真正的认识与假象和谬误区分开来，乃是最高贵的，甚至唯一真实的人类天职：恰如自苏格拉底以降，由概念、判断、推理组成的机制，被当

作最高的活动和一切能力之上最值得赞赏的天赋而受到重视。甚至最崇高的道德行为，同情、牺牲、英雄主义等情感，以及那种难以获得的心灵之宁静，即阿波罗式的希腊人所谓的"审慎"，在苏格拉底及其直到当代的同道追随者看来，都是从知识辩证法中推导出来的，从而是可传授的。[1]

应当说，尼采所概括的这种苏格拉底主义并非无中生有，事实上，在实证主义、功利主义、实用主义、社会达尔文主义、空想社会主义与机械唯物主义等盛行于近现代哲学的理论思潮中，始终存在一些自诩为苏格拉底追随者的激进分子，他们就笃信这样的理论观点。然而，在留存至今的古典文本中，苏格拉底本人从来也没有明确主张过知识是塑造个人美德的"万能妙药"。

实际情况或许恰恰相反，在与智者派的激烈论辩中，苏格拉底不时表示，美德是不可能简单地加以传授的。在同时代的希腊哲学家中，恐怕再也没有人比苏格拉底更能深刻体会到知识与理性在塑造个人品性与生活方式上的有限能力了，而这又与苏格拉底的一位充满争议的弟子阿尔西比亚德有着莫大的关联。

阿尔西比亚德出生于雅典一个古老而又显赫的贵族家庭，伯里克利是他的养父，苏格拉底是他的老师。凭借着他显赫的家世与惊人的美貌，他从小就显露出豪气万丈的野心与优越过人的自负，这让他惯常以鹤立鸡群的姿态出现于任何公共场所之中，并在众人

---

[1] [德]弗里德里希·尼采：《悲剧的诞生》，孙周兴译，北京：商务印书馆，2012年，第112页。

的谄媚下理所当然地接受了自己的这种万众瞩目的中心地位。尽管有伯里克利作正直典范与苏格拉底的言传身教,但阿尔西比亚德与生俱来的虚荣与野心,使他不甘于让自己仅仅成为一个理性而又有节制的"普通人"。

根据普鲁塔克的记载,阿尔西比亚德在年轻时曾经花费70米纳购买了一只狗,这只狗不仅体型壮硕、毛色靓丽,还长了一条无比美丽的尾巴。阿尔西比亚德在遛狗的时候发现,全雅典人都对这只狗的尾巴赞叹不已。按理说,阿尔西比亚德应当为自己的审美眼光感到自豪,但令人意想不到的是,他回家后就无比愤怒地将这只狗的尾巴剁掉了。他的朋友对他的这个做法大为惊奇,并特地前来告诉他说,雅典的民众都为这只狗感到可惜,阿尔西比亚德这时却大笑着回答说:"我就是希望如此,这样他们在谈论我的时候,就不会说我的美貌还比不上一只畜生。"[1]

由此可见,自青年时期起,阿尔西比亚德的自恋与虚荣就已经远远超出正常人可以理解的范围,像这种绝对不允许别人比自己高,动辄就想把整个世界踩在脚下的自恋狂,他们为了让自己获得举世瞩目的功绩,根本就不会在乎他们的野心可能给其他无辜的生灵带来的苦痛和灾难。

然而可悲的是,在雅典民众普遍沉浸于极端乐观主义的时期,越是这样表现得无比自信的自恋狂和野心家,就越容易成为民众热烈推崇的领袖。果不其然,阿尔西比亚德成年后通过正当或不正当

---

[1] [古希腊] 普鲁塔克:《希腊罗马名人传》(第一卷),席代岳译,长春:吉林出版集团有限责任公司,2009年,第364—365页。

的选举手段，顺利成为雅典的政治家和著名将领。在伯罗奔尼撒战争期间，他凭借三寸不烂之舌成功煽动起了雅典民众征服世界的狂热野心，好大喜功地发起了对叙拉古的远征，而这次远征的失败就是雅典在伯罗奔尼撒战争中导向失败的转折点。

更为讽刺的是，在这次远征还未正式开始之前，阿尔西比亚德就和他的一帮颇为可疑的伙伴玷污了埃留西斯秘仪。为了避免遭受法庭的控诉与惩罚，阿尔西比亚德叛逃到了斯巴达。即便斯巴达当时正与雅典为敌，但作为一个主动背叛自己城邦的人，阿尔西比亚德的名声在斯巴达显然也不会太好。

按照常识，阿尔西比亚德这时应该保持低调地待在斯巴达王给予他的庇护所里。但阿尔西比亚德如果是个遵循常识的人，那他就不是阿尔西比亚德了。他非但没有低调地保持沉默，反倒是在斯巴达的公民大会上积极发表演说，一方面建议斯巴达出兵帮助叙拉古抵抗雅典的远征，另一方面则为自己背叛雅典的行为进行粉饰。他毫无任何愧疚地说出了以下这段"义正辞严"的自我辩护：

> 雅典人的死敌不是你们这些斯巴达人，因为你们只伤害你们的敌人，而是那些迫使其朋友变成敌人的人；我所热爱的雅典不是迫害我的雅典，而是保障我安享公民权利的雅典。事实上，我不认为我现在攻击的邦国仍然是我的祖国，我要努力去恢复如今已不再属于我的邦国；真正热爱他的祖国的人，不是那个被非正义地放逐而不攻击它的人，而是那个渴望要不顾一切、竭尽全力地去恢复它的人。因此，我请求你们，不要因顾虑种种艰难险阻而不利用我的献策。请你们记

住：如果我作为你们的敌人能给你们造成巨大的祸害，同样，我作为你们的朋友，也能给你们带来很大的贡献。[1]

阿尔西比亚德凭借着出众的口才，扭转了斯巴达人对他的整体印象，斯巴达人接受了他援助叙拉古的建议。阿尔西比亚德随后在斯巴达的表现也不再像以往那么奢华、淫乱与怠惰，而是全力参与斯巴达的体育活动与军事训练，过着朴素而又节俭的生活。但倘若人们认为，这意味着他真正洗心革面要过一种道德的生活，那就大错特错了。事实上，这只不过是他融入斯巴达的上流社会与权力中心的一种策略而已。更糟糕的是，阿尔西比亚德不安分的心很快就找到了新的猎物——斯巴达王埃杰斯的王后泰米娅，他乘斯巴达王外出征战期间引诱了王后，并生有一子。[2]

阿尔西比亚德这么做，并不是因为王后比他以往的情人都更为美貌，也不是因为他在斯巴达长期的禁欲生活让他的激情一时失去了控制，而是因为在他过人的性欲背后潜藏着的强烈的权力意志。泰米娅对阿尔西比亚德的强烈吸引力不在于她的外表，而在于她的身份。不管他在公开场合表现出多么恭顺的态度，阿尔西比亚德其实暗中一直对自己在政治和军事上无法超越斯巴达王的事实耿耿于怀。在他看来，通过性爱征服斯巴达王的女人，也就相当于以一种迂回的方式实现了他凌驾于斯巴达王之上的野心。

---

1 ［古希腊］修昔底德：《伯罗奔尼撒战争史》，徐松岩译，上海：上海人民出版社，2017年，第575页。
2 ［古希腊］普鲁塔克：《希腊罗马名人传》（第一卷），席代岳译，长春：吉林出版集团有限责任公司，2009年，第381—382页。

人们可以想象到，在他们的奸情暴露之后，斯巴达王埃杰斯对阿尔西比亚德玷污他妻子的行径愤恨难消，并将他视为势不两立的仇敌。阿尔西比亚德得到风声后就逃离了斯巴达，转而投效波斯帝国。自此以后，阿尔西比亚德为了自己的利益，在由僭主、暴君与政客支配的不同阵营之间来回摇摆，最后在弗里吉亚被据说是斯巴达王派来的刺客暗杀，结束了他任性、放纵与荒唐的一生。

四

纵观阿尔西比亚德的一生，他对雅典犯下的罪行可谓罄竹难书，这也让他成功地成为公元前399年在雅典最受憎恶的两个人之一。必须指出的是，阿尔西比亚德与苏格拉底的关系并非普通的师生关系，苏格拉底在雅典人从波提狄亚艰难撤退的战役中亲自保护了负伤的阿尔西比亚德，两人在共同作战中一度形成了生死与共的深厚友谊。阿尔西比亚德可以让苏格拉底安心地在他的住所留宿过夜，苏格拉底可以将阿尔西比亚德从性爱欢悦的拥抱中拖走去探讨哲学。

应当说，苏格拉底在谈话中抓住一切机会运用各种哲学的方法，引导阿尔西比亚德通过知识与真理走向至善的人生道路，阿尔西比亚德也承认，苏格拉底是"唯一能够让我对虚掷光阴的生活方式感到懊悔的人……他所说的每句话和他所做的每件事都能对你的生活发挥重要的影响"，然而，在阿尔西比亚德成年后充满争议的政治生涯中却很难发现苏格拉底带给他的积极影响。这或许是由于他与生俱来的自恋虚荣的人格，或许是由于他富贵的家世对他的道

德品质所产生的腐蚀作用,色诺芬则比较委婉地道出了另外一个重要的原因:

> 凡不锻炼身体的人,就不能执行身体所应执行的任务,同样,凡不锻炼心灵的人,也不可能执行心灵所应执行的任务,这样的人既不能做他们所应当做的,也不能抑制住自己不做他们所不应当做的。正因如此,尽管做儿子的具有善良的品质,做父亲的还是制止他们与坏人交往,因为他们深信,与善人交往是对于德行的一种操练,但与坏人交往却会败坏德行。[1]

事实上,确实有一批人在诱导着阿尔西比亚德一步步走上毫无底线地追求权力的邪恶道路,他们就是在当时名噪天下的智术师。智术师是一群以传授修辞术为谋生手段的"智者",其代表人物为高尔吉亚、普罗泰戈拉与色拉叙马霍斯等。尽管智术师热衷于将他们的修辞术修饰为一种通过知识来说服他人的自由技艺,但高尔吉亚在吹嘘修辞术的神奇功效时也承认,一个人在精通修辞术之后,即便在不知晓专业知识的情况下,也可以运用修辞术来说服无知的大众,让自己显得比这个领域的专家更有说服力,因此修辞术带来的是某种"最伟大的幸福",即让一个人拥有通过语言来"控制他自己的国家的其他人的自由"。然而,正如福柯明确指出的,

---

[1] [古希腊]色诺芬:《回忆苏格拉底》,吴永泉译,北京:商务印书馆,1984年,第10页。

抛开智术师对他们修辞术的种种吹嘘，这种技术实际上与苏格拉底说真话的直言实践恰恰是针锋相对的。

> 修辞是一门艺术、一项技能、一整套方法，可以使说话人说出完全不是心中所想的东西，却能取得让听话者确信不疑并付诸实践的效果，还让不少人都跟着相信。换言之，修辞在说话者和所说的事之间没有任何信念。好的修辞学家、追求辞藻夸夸其谈的演说家，有能力完美呈现一切他所不知道的事物，一切他不相信的东西，一切他并没有想到的东西，说到底可以让所说之事，其实他自己不信、不想也不懂的，成为听众所想、所信和所为了解的东西。[1]

可见，尽管智术师在公开的演说中会频繁而又优雅地颂扬真理、道德与信仰的高贵，但他们实际上并不关注是非对错的客观标准，他们真正关注的是利用民众在道德与信仰上的意见乃至偏见来操控民意，说服民众按照智术师规划的方式去思考和行动。

也正是智术师的这个本质特征决定了他们学说的存在方式。尽管经常有人怀疑，智术师的学说无法以完整的形式流传后世，是柏拉图等主流哲学学派进行打压的结果，但实际上这完全是智术师主动选择的结果。既然智术师的最终目的是操控民众的心智，那么他们关于同一个主题的立场，就总是随着具体的时间、形势、地点

---

[1] [法] 米歇尔·福柯：《说真话的勇气》，钱翰、陈晓径译，上海：上海人民出版社，2016年，第12—13页。

与听众的不同而有所差异，有时甚至完全是彼此矛盾的。

真正的哲学家对于同一个主题总是坚持前后一致的立场，即便立场有所变化，也可以找到合理的根据和理由来支持这种思想观点的变化。然而，智术师诸多突兀与仓促的立场变化，仅仅服务于他们追求权力和操控民众心智的需要，它们往往找不到令人信服的合理根据或在彼此之间存在相当明显的逻辑矛盾，因此智术师或许是全天下最不希望看到自己曾经主张过的观点立场被编纂成"合订本"的人。任何拥有独立思考能力的人很快就可以在这种"合订本"中发现他们的理论主张的悖谬与矛盾，它们根本无法满足让自己成为客观知识与普遍真理的认知标准。

当然，自己的学说无法作为客观知识与普遍真理流传后世，这并不会让智术师感到有多大的困扰，因为他们在内心深处并不相信客观的知识与普遍的真理的存在，普罗泰戈拉就相当明确地表示："人是万物的尺度，是存在者存在的尺度，是不存在者不存在的尺度。"所谓的真理似乎都可以为人的具体立场和特殊利益所相对化。

虽然普罗泰戈拉并未明确说出成为万物尺度的究竟是哪些人，但倘若再考虑色拉叙马霍斯所极力为之辩护的那个将强权与强者的利益等同于公正的立场，那么就不难认识到，智术师心中至为推崇的只不过是世俗的权力。智术师所宣扬的知识、真理、道德和信仰，统统是他们用来服务于权力，让民众沉迷于种种心智幻象的手段。诚如柏拉图所言，归根到底，智术师的修辞术就是一种用来迎合专断权力的"奉承术"。[1]

为了掩盖他们这个学派的这些见不得人的实质，他们常常自诩为传授美德的智者，然而他们既不像真正的哲学家那样热爱智慧和真理，也不会传授真正的美德，他们实际上做的无非打着传授美德的旗号对雅典民众进行洗脑和灌输而已。

恰恰对立于智术师，苏格拉底反对美德是可以在这种灌输的意义上加以传授的。然而，在世俗权力的加持下，智术师的修辞术往往可以渗透到一个人日常生活的方方面面，甚至是那些看起来最无害的话语中都蕴藏着操控心智的策略，一个仅仅偶尔运用哲学思辨方法的人实际上是难以抗拒智术师的这些手段的，他们轻易就会被煽动成狂热分子。而苏格拉底相当清楚，对于一个热衷于不断追求侵略扩张的狂热分子来说，理性与知识是很难让他迷途知返的，埃里克·霍弗对其中的缘由就说得相当透彻：

> 狂热者并不是真会坚持原则的人。他拥抱一项大业，主要并非由于它正确神圣，而是因为他亟需有所依附。这种感情上要有所依附的需要，往往会把他拥抱的任何大业转化为神圣伟业。你无法用理性或道德上的理由去说服一个狂热者抛弃他的大业。他害怕妥协，因此你不可能让他相信他信奉的主义并不可靠。但他却不难突然从一件神圣伟业转投另一件神圣伟业的怀抱。他无法被说服，只能被煽动，对他而言，

---

[1] ［古希腊］柏拉图：《高尔吉亚篇》，王晓朝编译：《柏拉图全集》（第一卷），北京：人民出版社，2002年，第339页。

> 真正重要的不是他所依附的大业的本质，而是他渴望有所依附的情感需要。[1]

尽管如此，苏格拉底强烈的道德责任感与乐观精神，让他不可能对智术师在雅典造成的智识灾难与政治混乱完全坐视不管，这正如梯利所描述的：

> 苏格拉底最关心的是反驳智者学派的论点，这种论点挖了知识的墙脚，会破坏道德和国家的基础。如果怀疑主义成为这时代的定论，就没有什么希望逃脱人生观中流行的虚无主义结论，所以他把哲学思考看作是现实的当务之急。他清楚地看出，流行的伦理的和政治的谬论出自对真理意义的全盘误解，全部情况的关键在于知识问题。怀有这种信念，对人类理性有解决那时代实际困难的能力抱有乐观的信心，他肩负起他的任务。他心目中的目标不是建立一个哲学体系，而是激发人们爱真理和德性，帮助他们形成正确的思维，以便他们过正当的生活。[2]

在这种想法的引导下，苏格拉底在各种场合下与智术师进行论辩，揭穿他们所主张的各种观点与立场的矛盾与悖谬。苏格拉底希望自

---

1 [美] 埃里克·霍弗：《狂热分子》，梁永安译，桂林：广西师范大学出版社，2011年，第141页。
2 [美] 梯利：《西方哲学史》（增补修订版），葛力译，北京：商务印书馆，2015年，第51页。

己就像牛虻一样，凭借着反诘的辩证智慧与理性论证，蜇醒雅典这匹沉醉于智术师编织的迷梦与幻相的战马。然而，苏格拉底恐怕万万没有想到，他与智术师的这种争辩，以某种方式让他在晚年卷入了一场生死攸关的审判并最终被判处死刑。

五

按照一种流俗的说法，导致苏格拉底被判处死刑的罪魁祸首是雅典的民主制。苏格拉底批评过雅典的体制，因而他是雅典民主的敌人。苏格拉底还总是运用他的反诘法暴露雅典民众的无知，这招致了雅典民众的嫉妒与怨恨，于是他们利用民主投票的方式将苏格拉底置于死地。然而，根据保罗·约翰逊的考证与阐释，这种说法是经不起推敲的。正如波普尔指出："批评民主和民主制的人不一定是民主的敌人……苏格拉底的批评是民主的批评，而且确实是属于民主生活本身。"[1]雅典的民主派政治家并不会仅仅因为苏格拉底曾经对雅典的民主制提出过批评意见，就处心积虑地要杀死苏格拉底。事实反倒是，在苏格拉底一生的绝大多数时间里，雅典都是比较开明自由的社会，先前并没有任何雅典公民因为苏格拉底的言论而向法庭提起指控苏格拉底的诉讼，苏格拉底在那时的绝大多数雅典公民眼里都是一个可敬的公共人物。

雅典自由开明的社会氛围随着伯罗奔尼撒战争的发展而逐渐

---

1 [英]卡尔·波普尔：《开放社会及其敌人》（第一卷），陆衡等译，北京：中国社会科学出版社，1999年，第350页。

产生了根本性的变化。正如修昔底德指出,战争爆发之初,政治家伯里克利凭借着他的地位、才能以及众所周知的正直,成为能够独立控制民众非理性倾向的人物,他不屈从于民众短视与狂热的意见,敢于提出相反的意见,而当民众由于恐慌丧失勇气时,他又会马上恢复他们的信心。但"他的继任者们的情况就不同了。他们彼此间大都不相上下,而每个人都想力争居于首要地位,最终他们竟准备靠牺牲整个城邦的利益来迎合民众的心血来潮"[1]。

随着雅典高层越来越倾向于被乌合之众的狂热情绪裹挟,雅典的整个道德状况也变得越来越腐化。流俗的观点总是认为,战争将提升一个国家或城邦的民众的精神状态或道德素养,但这大概主要适用于抗击侵略的正义战争。对于伯罗奔尼撒战争这种争夺霸权的战争来说,实际情况反倒有可能让双方的精神境界与道德水准都变得恶劣起来:

> 战争是一个粗暴的教师,它使大多数人的性情随着境遇的变化而变化。……过去被认为是不顾一切的鲁莽之举,现在被认为是一个忠诚的同盟者所必备的勇气;谨慎周到地等待时机,被看作懦弱的代名词;中庸之道被视为缺乏男子气概的表现;疯狂的暴虐变成了男子气概的标志;耍阴谋搞诡计变成了合法自卫的手段;耍阴谋成功表明一个人头脑精明,而识破阴谋则表明他更加精明。的确,人们普遍地认为行凶

---

[1] [古希腊] 修昔底德:《伯罗奔尼撒战争史》,徐松岩译,上海:上海人民出版社,2017年,第217页。

作恶比单纯诚实更为聪明，他们以具有第一种品质而自豪，以具有第二种品质为耻辱。[1]

而对于雅典这个战败方来说，情况就更加糟糕。斯巴达在雅典扶持的傀儡政权一度废除了民主制，杀死了一千五百名杰出的雅典公民，并迫使其他坚定支持原有体制的雅典公民流亡，许多优秀的雅典公民死于流亡途中。即便雅典的民主派事后又恢复了权力，但相较于先前雅典公民的整体素质，经过三十僭主肃清后的雅典民众的整体心智辨别能力与道德素养都有了显著的下降。而这也导致柏拉图对雅典的未来提出了以下这个颇为令人担忧的可能性：

有时候邪恶的公民大批地麇集起来并且试图使用暴力来奴役善良正直的少数人，尽管两边都是同一个种族和同一个邦国的成员。当邪恶分子取得优势时，这个邦国可以确切地说是"劣于"它自己，并且是一个邪恶的邦国；但当邪恶分子被打败时，我们可以说它是"优于"它自己，并且它是一个良好的邦国。[2]

必须指出的是，上文所说的"邪恶"并不一定是指暴虐嗜血，而更多的是指民众在经历了一定时期的暴政之后，他们的心智辨识能力

---

1 ［古希腊］修昔底德：《伯罗奔尼撒战争史》，徐松岩译，上海：上海人民出版社，2017年，第308—309页。
2 ［古希腊］柏拉图：《法律篇》，张智仁、何勤华译，上海：上海人民出版社，2001年，第5页。

是平庸昏聩的，意志力是软弱的，情绪波动是极其频繁的，因而特别容易受到某些政客或激进平民领袖的操控和煽动。在这个时候经过投票得出的民意，就不再反映民众的真正意图和真实利益，它只是少数政治野心家施展阴谋诡计达成的结果。这个时候雅典的"民主主义"也就蜕变成某种意义上的"民粹主义"。

大量心智平庸的民众作为外行，并不能有效区分智术师与苏格拉底，再加上阿里斯托芬的著名喜剧《云》的广泛影响，苏格拉底与几位声名狼藉的雅典政客的师生关系或朋友关系，以及某些阴谋家对雅典的民意和舆论所做的别有用心的引导等原因，苏格拉底在那时就逐渐成为众多不明真相的民众的主要怨恨对象。归根到底，将苏格拉底推上绝路的罪魁祸首并不是民主，而是民粹。可以说，在那种恶劣的政治环境下，苏格拉底恰恰成为不公正的雅典政客平息民众愤怒、转移社会矛盾的一头替罪羔羊。

六

面对不公正的判决，苏格拉底并没有采纳他的好友克力同的建议，即通过贿赂逃离雅典。他对雅典给予了深刻的爱与希望，雅典曾经是整个希腊最自由开明的城邦。随着伯罗奔尼撒战争对整个希腊智识氛围的败坏，如今雅典都已经无法容纳他年轻时充分享有的言论自由与思想自由，那么就更难以指望外邦有宽松的智识环境了。因此，"逃避死亡并不难，真正难的是逃避罪恶，这不是拔腿就跑就能逃得掉的"[1]。

更为重要的是，对苏格拉底来说，通过马基雅维利式的策略，以非正义的手段对抗非正义的判决，这并不能让自己获得真正的胜利。恰恰相反，这种做法把自己拉低到了卑劣对手的档次上，即便因此而赢得了整个世界，却彻底败坏了自己的灵魂。正如A. E.泰勒指出：

> 就我们所能看到的，正是苏格拉底创造了灵魂（soul）的概念，它从此之后统治着欧洲的思维。在两千多年的时间里，对于一个文明的欧洲人来说，他有一个灵魂是一个标准的假定。灵魂是他正常地醒着时的智力和道德性格的所在地。并且因为这个灵魂既等于他本人，也无论如何是有关他的最重要的事物，所以，他生活中的最高事务就是对它做出最大的努力和为它做出最好的事情。[2]

对于苏格拉底来说，灵魂统率与引导着肉身的欲望。倘若一个人的灵魂在此生中通过智慧与美德的引导而履行了人之为人的神圣职责，那么他在死后就不会随着肉体的腐烂而消亡，而是会在神的庇佑下获得自由与幸福的永生。

在一个深受科学主义与实证主义支配的祛魅时代里，很多自

---

1 ［古希腊］柏拉图：《申辩篇》，王晓朝编译：《柏拉图全集》（第一卷），北京：人民出版社，2002年，第29页。

2 ［英］A. E.泰勒：《苏格拉底传》，赵继铨、李真译，北京：商务印书馆，1999年，第83页。

认为与时俱进的现代人或许会对灵魂的概念嗤之以鼻，认为这不过是过时的形而上学或宗教信仰的劣质产物。然而，灵魂的概念早已通过哲学思辨、宗教信仰与其他各种话语实践，深深地融入了人类的道德良知与人道关切之中。一个拥有灵魂的人，也就是拥有独立思考能力，拥有自我决断的意志力，拥有可以深切体会到他人的焦虑与苦痛的同理心，可以毫无偏见地感受到世界的美好与人性的尊严的人，这样的人不会轻易屈从于专断的权力下达的各种非理性命令。

与之相反，一个没有了灵魂的人，也就是丧失独立思考能力，没有自我意志，无法悲悯地感受他人苦痛，不懂得人世间的各种美好与人性的尊严，只知道霸凌弱者与向强权卑躬屈膝的人。纵观人类的历史，后面这类丢失了灵魂的人，轻易就可以被训练成冷酷无情地执行野心家暴虐命令的杀人机器，而倘若这种杀人机器恢复了人性，那通常也就意味着他重新找回了自己久已失落的灵魂。因此，即便在人工智能不断取得突破性进展的时代里，苏格拉底的灵魂概念仍然在人类文明的道德生活中发挥着至关重要的作用。真正可怕的不是没有灵魂的机器人变得就像拥有灵魂的人那样来思考问题，而是原本拥有灵魂的人变得就像没有灵魂的机器人那样来思考问题。

按照庸常心智的理解，苏格拉底拒绝逃离雅典的决定，不是出于心智的愤怒而产生的非理性决定，就是致力于自我炒作的行为艺术，然而，通过深入地分析与理解，不难发现，苏格拉底的这个决断是经过深思熟虑的。正如波普尔所言："苏格拉底之死乃是他的真诚的最终证明。他毕生无所畏惧，光明磊落，虚怀若谷，公允而幽默……他表明，人之死，不只是由于命运，不只是为了名誉和别的这类光彩的事情，而且也是为了批判思想的自由，为了自尊，而这种自尊则与以我为重或伤感毫无共同之处。"[1]

庸常的心智之所以常常误解苏格拉底，也并非完全没有缘由，因为在庸常的生活中，虚伪地鼓吹道德者比比皆是，真诚地践行道德者寥若晨星。专断的权力贬抑被支配者的心智，积极动用各种思想教条、道德教条与伦理习俗来将无助的平庸者规训成驯服的个体，进而规训成庞大机器的廉价齿轮。这些人在平庸的世界里看不到体现世间美好与人性尊严的终极关切，每天只不过在自身庸俗欲望的奴役下过着蝇营狗苟、没有未来的颓废生活。在这些彻底被剥夺了心智自由与自我实现的可能性的人们的眼中，整个庸常的世界就仿佛一个单色的万花筒那么贫乏与无趣，他们的心灵总是为各种沉郁、消极乃至绝望的情绪所困扰或占据。

相较于这个贫乏无趣与冷酷无情的庸常世界，苏格拉底通过自身的言行开启了一个崭新的世界，在这个崭新的世界里，有这样一批真诚践行智识英雄主义的哲学家。他们对自身选择的道德、理想与信念的追求并不仅仅停留于抽象的说教，而是将之融入了他们日常事务的方方面面，他们举手投足之间都自然地散发出他们所追求的理想与信念的本真魅力。他们勇敢地承担着他们追求自身理想与信念时所必须付出的代价，即便这个代价是他们的生命本身。而在这个群体中，苏格拉底抛弃自己的生命来追求自由思想与人性尊

---

[1] ［英］卡尔·波普尔：《开放社会及其敌人》（第一卷），陆衡等译，北京：中国社会科学出版社，1999年，第360页。

严的做法，最大限度地超出了普通人的常识所能理解的范围，达到了人类追求自由与公义的极致，按照保罗·约翰逊的理解，"这就是我们尊敬他，并将他赞颂为哲学化身的原因"。

这种趋于极致的行为或许无法被常人简单仿效，但极大地拓展了人类生存的可能性与人类精神的高度。对于任何真诚追求着各种理想，却又不免沉沦于这个平庸世界的人来说，苏格拉底都不啻为一道有力划破平庸世界沉重黑幕的阳光，为他们带来了各种新的认识、新的感受与新的希望，他当之无愧地是这些人的领路星辰。

正如雅斯贝尔斯曾经深刻指出的："一个人自身能够成为什么样的人，这一点取决于他在生命旅途中所遭遇到的他人以及召唤着他的种种可能的信念。"[1]可以想象，每个由于与苏格拉底相遇而重新找回了自己生活的希望、理想与激情，并深刻改变了自身的观念、感受与生活方式的人，或许多少都会想要用类似这样的话语来对苏格拉底表示衷心的感谢："谢谢你拭去堆积在我心灵深处的灰尘。其实在与你相遇的瞬间，我的世界就已经有所改变。我所认识与感受到的一切不再显得那么灰暗与单调，而是变得多姿多彩，我的整个世界都因你而变得烁烁生辉。或许前路永远为黑夜所笼罩，即便如此我仍将继续前行，因为我深信，来自你的星光纵使微弱也会为我照亮前方的征途。"

---

[1] ［德］卡尔·雅斯贝尔斯：《时代的精神状况》，王德峰译，上海：上海译文出版社，2013年，第26页。

七

在翻译保罗·约翰逊的这部《苏格拉底》的过程中，我深深体会到了这部传记的独特魅力。某些当代学者总是以不可理喻的时代优越感，热衷于仅仅根据当代的学术视角和分析方法去指责、批判、解构乃至贬低过去的大哲学家，有些人甚至还喜好在撰写传记时用各种琐屑的丑闻来污名化大哲学家的传统形象，以便于通过迎合大众的低俗趣味来提升自己作品的销量。

相较于这些学者和作家，约翰逊并不追随哗众取宠的智识时尚，而是以冷静稳健的笔法，细致深入地阐释苏格拉底作为哲学的化身，他的种种言行与思想如何成为整个人类文明的重要基石。约翰逊有力地表明，苏格拉底的思想观念与精神品质对人类文明的发展具有恒久的价值，以至于即便在我们这个时代，也可以将苏格拉底当作我们的同时代人，苏格拉底仍然可以作为我们当代人的精神导师，帮助我们坚强勇毅地在各种文化沙漠与精神暗夜中跋涉前行。

更为重要的是，约翰逊继承了苏格拉底开放式讨论的风格。虽然他的历史考证给出了许多原先容易被读者忽视的素材，做出了诸多颇具启发的阐释与剖析，但他并未对有关苏格拉底的种种传统疑问明确提出诸多仓促的解答与定论。尽管如此，他的这些历史阐释与历史考证，将极大地有助于具有独立思考能力的读者围绕这些问题形成自己的见解与观点。

感谢广西师范大学出版社的编辑梁鑫磊先生热情地为这本译著的出版所提供的支持与帮助，感谢编辑楼晓瑜女士为这本译著的编校工作付出的辛勤努力。感谢同济大学建筑与城市规划学院的钱峰教授帮助我澄清了一些与建筑学有关的问题。感谢清华大学人文学院哲学系的瞿旭彤老师帮助我澄清了一些与希腊语和希腊文化有关的问题。感谢黄梅林女士、罗敏女士以及其他的热心网友为解决我遇到的翻译疑难问题所提供的各种帮助。感谢我的家人对我的研究工作和翻译工作的支持，尤其是我的妻子姜妍女士对我的悉心照料与精神鼓励。在我遭遇了感染新冠、亲人离世与肩部严重摔伤这三重打击之后，倘若没有她的鼎力配合，我甚至有可能无法挺过去年12月的那个难关。

无论在译介这本书的过程中遇到了多少先前没有预料到的艰险，我仍然相信，自己所经历的这些艰险是值得的，因为任何一个不甘于在庸常生活里随波逐流的人，都能在不同程度上从保罗·约翰逊的这部为当代人撰写的《苏格拉底》中，找到可以重新点亮自己天空的精神火花。

郝苑
2023年2月23日